幸福力

幸せを生み出す方法

海原純子

潮文庫

幸福力——幸せを生み出す方法　目次

装画　シミズダニヤスノブ
装丁　金田一亜弥
編集協力　沼倉順子

はじめに――幸せになるには何が必要？

「家を買ったら幸せになれるのに」とおっしゃっていた女性がいました。その方は、夫の勤務する会社が提供してくれている住宅に住んでおり、家賃は安いけれど人間関係などで窮屈《きゅうくつ》な思いをしていたからです。数年がかりで貯金し、ローンを組み、家族と一緒に郊外の新居に引っ越したときは幸せの絶頂。ところが数カ月たつと、買い物がちょっと不便、お隣の奥さんが感じが悪い、などと不満が出てきました。転校した子どもの成績も伸び悩み、パートの仕事先探しもうまくいかず「こんなはずじゃなかったのに」と思い始めます。「車があれば買い物に便利なのに」「お隣の人が感じが良ければ」「子どもの成績が良ければ」「パートの仕事があれば」幸せになれるのに、そう思い始めたその方は、「○○があったら」

幸せになれるのに、と常に思ってきた自分の思考回路に、その瞬間気がついたのです。

今、多くの方が、「○○があったら」幸せになれるのにと考えて、その幸せの条件を求めて努力しています。お金がないことが自分の不幸の原因と考えている方はお金を求め、結婚していないことが不幸の原因と考えている方は婚活に励み、若く美しくないと幸せになれないと考えている方は美容にいそしみ、ダイエットして体重を減らすことに努力をしています。

しかし残念なことに、先に紹介した女性のように「これが幸福の条件だ」と確信している条件やものを手に入れても幸せはその一瞬だけで長続きせず、目減りしていくのです。不思議ですね。なぜだと思いますか？　それは私たち人間は、自分が手に入れたものやこと、ポジションにすぐに慣れて「もっていてあたりまえ」になってしまうからです。

ご自分のことを振り返ってみてください。結婚したとき、入学したとき、就職したとき、ほしいものを手にしたとき、子どもが生まれたとき、憧《あこが》れのポジションについたとき、そのときの喜びを今まだ同じように持続している方は少ないでしょう。

では目減りしない幸せを手に入れるには、どうすればいいのでしょうか。

本書は、二〇一四年一月に出版された『幸福力――幸せを生み出す方法』を再編し、加筆した文庫本です。初版から十年が過ぎましたが、この十年は私にとって「幸福」の概念を改めて考え、研究する年月になりました。というのは、初版が出版される前年から、私は東日本大震災からの復興支援を担う復興庁の事業の統括責任者を務めたり、大学のなかにストレス健診外来を設置したりして、多くの方の人生と関わることで、幸せについて、概念だけでなく科学的に向き合うことになったからです。

ちょうど震災の翌年には、「日本ポジティブサイコロジー医学会」が発足しました。ポジティブサイコロジーとは、幸せを科学的に研究する医学で、アメリカを中心に一九九〇年代から注目され始めた新しい心理学です。こうした医学を研究することで、これまでに感じてきた「幸せを生み出す方法」の根拠が明確になりました。

「ウェルビーイング」という言葉をご存じでしょうか。聞いたことはあるけれどよくわからない、という方も多いと思います。日本語に訳すのは難しいですね。病気がないから健康、とは言えないのはおわかりだと思いますが、ウェルビーイングは、心が満足した状態のことであり、そのためには、心のなかにポジティブな感情があること、人間関係でいいつながりがあること、没頭できるものがあること、また自分の人生に意味を感じていること、ものごとを達成している感覚があることなどが必要だとされています。

言葉でいうとなんだかとても大変そうですが、実際に日常生活で実行するのは思っているほど難しくないかもしれません。

人は誰でも「心の癖《くせ》」「考え方の癖」があるようです。「自分なんてダメだ」「もう年だから」「私は才能がないから」「こんなことして何になるのか」「どうせやってもうまくいかない」「誰も私を認めてくれない」などと、心のなかでつぶやいたことはありませんか？　こうしたつぶやきは、幸せを遠ざけてしまう心の癖です。本書では、知らないうちに身についてしまったネガティブな癖を取り除き、幸せを生み出すためのお手伝いをしたいと考えています。

才能、お金、美貌、そういうものはなくて大丈夫。心のベクトルをマイナスからプラスに向けて、長続きする幸福感を心のなかに育てていきましょう。

本書は、総合月刊誌「潮」（二〇一二年五月号〜二〇一三年十月号）に
連載され、二〇一四年一月に小社より刊行された単行本を加筆・
修正の上、文庫化したものです。

第一章

幸福な人の条件

幸せは自分の心と体が決める

幸福とは何か

私は心療内科医として、長い間、とくにストレスで心や体のバランスを崩《くず》してしまった方々の診療に携《たずさ》わってきました。精神科が心の病を患《わずら》った人を診《み》るとするならば、心療内科は主に、心に問題を抱えたことで体に痛みなどの症状が出ている人の診療を行っています。緊張すると胃が痛くなることがありますが、体は心の状態を反映し、表現する場でもありますから、心に何らかの問題があると体に症状が出てしまうことがあるのです。

そして心はその方を取り巻く人間関係や環境、社会的通念とも関わっています。そこで、こうした視点も踏まえながら、「幸福」について考えていきたいと思います。

皆さんはどんなとき、「幸福」を感じますか？　仕事で業績を上げたときでしょうか？　給料が上がったとき、子どもが第一志望校に受かったとき、夫が昇進したとき、美味しいものを食べたとき、でしょうか。

あるとき「何か特別なことがなくても、朝起きて窓を開けて、ああ、また新しい一日が始まるな、と思えるのが幸せ」とおっしゃった女性がいました。素敵だな、と思いました。幸福とは、良い出来事やうれしいことがたくさん起きるということではなく、ふとしたときに、「一日が始まるな」「今日もいい一日だったな」などと、心がしんと落ち着く瞬間がたくさんあることではないかと思うのです。実際、私も何か特別なことがなくても、いい一日だなと思える日はとても幸せを感じますから。

近年、アメリカで非常に注目されている、「well-being（ウェルビーイング）」という言葉があります。「ウェルビーイング」とは、病気ではないから健康だ、ということではなく、身体も精神的にも社会的にも満たされている状態のことを言います。アメリカを中心にウェルビーイングについて研究する「ポジティブサイコロジー」という分野の心理学が一九九〇年代後半から盛《さか》んになり、二〇〇七年にはペンシルベニア大学のＭ・セリグマン博士が国際ポジティブサイコロジー協会を設立し、医学や教育などの分野で応用されています。

幸福を科学的に捉えるのが、ポジティブサイコロジー医学ということになるでしょう。幸福、というと何か漠然とした抽象的なイメージがありますが、それを医学的に検証するのがウェルビーイングを研究するポジティブサイコロジーというわけです。日本では二〇一二年に、医師や心理学の研究者が中心になり日本ポジティブサイコロジー医学会を立ち上げ、毎年、医学学術集会を行っています。私もメンバーの一員ですので、本書ではポジティブサイコロジーの研究を紹介しながら、「幸福」について考えていきたいと思います。

幸福――ウェルビーイングをもう少し具体的に捉えてみましょう。セリグマン博士は、ウェルビーイングに必要な五つの要素をあげています。これは、ＰＥＲＭＡと呼ばれているのですが、Ｐはポジティブな感情（positive emotion）、Ｅはエンゲージメント（engagement）、Ｒはいいつながり（relationship）、Ｍは人生の意味や目的（meaning）、Ａは達成感（achievement）と言われています。

ポジティブな感情は、前向きな気持ちやうれしさだけではなく、安らかさ、優しさ、感謝の気持ちなども含まれます。エンゲージメントというのは、何か熱心にしていることがあったり集中していることがあるというもので、人生の意味というのは、自分がしていることの方向性がしっかり見えているというようなことを指します。達成感は人からの評価ではなく、努力によって自分が少しずつ進歩しているという満足感と捉えてくだされぱいいでしょう。

ですから幸福感——ウェルビーイングには、人とのいいつながりがあり、自分が努力していることがあり、少しずつ進歩していて自分の向かう道が見えている、そして穏やかな気分でいられるというようなことだと思います。

さあ、それではどのようにウェルビーイングに向かうか、考える必要がありますね。でも残念ながら、日本語にはウェルビーイングにピッタリ当てはまる言葉は見当たらないようです。それは、これまで日本人はウェルビーイングに類することを、あまり考えたことがなかったからではないでしょうか。だからこそ、「幸福とは何か」を今まさに考えることは、とても重要なことだと思います。

日本では、「アメリカに追いつき追い越せ」といって、冷蔵庫や車などのものが揃《そろ》えば幸せになれると考えていた時代がありました。外的な条件によって幸せになれると思っていたのです。その後、アメリカを追い越したと思えるほど経済が成長し、バブルの時代を迎えました。そのときは、ある意味では幸せだったかもしれません。でもそれは、さまざまな問題を消費で紛《まぎ》らわせていた「幻想の幸せ」でした。

当時、「ストレス解消」という言葉が流行しました。私は、「ストレス解消するにはどうすればいいですか」とよく聞かれて、そのたびに「解消なんかするな！」と言っていたものです（笑）。ストレスの大本を見つけ、それにどうやって立ち向かっていくか、どう乗り越えていくかを考えることが、「解消する」よりも大事だと思ったからです。結局、「幸福とは何か」を深く考えずにきたツケが、日本社会には残ったままになっているのです。

「人生の締め切り」を意識して生きる

それでは、「幸福な人」とはどんな人でしょうか。私が考える「幸福な人」の条件の一つは、「嫌なことを乗り越えていく力」をもっている人です。

二〇一一年三月十一日に発生した東日本大震災やそれに伴《ともな》う原発事故の被害と影響は甚大で、その後も新型コロナウイルスの感染拡大、熊本や能登半島での地震など、さまざまな災害が各地で起こっています。日常生活においても、もちろん人それぞれではありますが、いろいろな出来事が起きます。そのような苦難に直面したとき、物事をどう捉えるか。そこに、幸福な人とそうでない人を分ける道があるように思います。

たとえば、嫌なことが起きたとき、それを「何か意味があるもの」と捉えることができたり、「困難なことは自分に課せられた課題」と受け止める資質をもっている。さらに、困難なこと、大変なことを「一種のチャレンジ」だと受け止め、「自分が成長していくための糧《かて》にしよう」と考える。このような、ストレスを上手に乗り切っていく「ストレス対処能力」が高い人が幸せな人ではないでしょうか。

東日本大震災から約十三年が過ぎましたが、南海トラフ巨大地震や首都直下地震などの大災害が懸念《けねん》されています。こういう時代に生きていると、毎日が「人生の締《し》め切《き》り」のように感じます。誰にでも死という人生の締め切りは訪れますが、その日がいつ訪れるかがわからないため、人は「まぁいいか」と思って考えないようにしてしまう。だからこそ、いつも私は、「もし明日、人生が終わってしまうとしたら、いま何をしておくことが大事か」と考えるのです。すると、「生き方の優先順位」が随分とちがってきます。「これはやっておきたい」とか、「こんなことで怒っている時間はばかばかしい」と思えるようになってくる。そうすることで、一日を有意義に充実させて過ごすことができるのです。

「三・一一」のそのとき、東京に住む友人のなかで一番冷静だったのが、乳がんのステージⅣで闘病後、仕事に復帰している女性でした。がんが再発すれば、死につながる可能性は高い。つまり、彼女はいつも死に直面していることになります。ですから、とてもアクティブなのです。たとえば、「小澤征爾《せいじ》さんが長野で復帰コンサートをやるから」と、仕事の合間に夜行バスに乗って出かけたりする。「明日死ぬのなら、今日やっておこう」という気持ちでいるから、毎日の「生活密度」や「幸福密度」が、私たちよりずっと高いのだと思います。一日一日が人生の締め切りという感覚をもっていると、「何が起きても怖くない」と思えるのでしょう。

また、別の友人で、南米のアマゾンに滞在し、そこで活動を行っている人がいます。彼女は、一年の半分以上をアマゾンで過ごし、その生活は常に命の危険にさらされています。そういう毎日を送るなかで彼女は、「朝日が昇って陽《ひ》が沈むまでが『小さな一生』だと感じるようになった」と話してくれました。

それでは、「幸福力」を高めるためには、どうしたらよいのでしょうか。

まず提案したいのが、「幸せになろう」というビジョンをもつことです。たとえば、「幸せに過ごすために、今日一日は腹を立てないようにしよう」と決める。

それが達成できたと思ったら、その晩に、「達成できた。幸福力アップ！」と自分で自分を誉《ほ》めてあげる。

もう一つ大事なことは、行動に心を込めることです。お茶碗を洗うことにも心を込めると、自分の感覚が全くちがってくるような気がします。

「思いを込める」ということは、いろいろなものを変えてしまう力があるのです。私はジャズのボーカリストとしても活動していますが、言葉を大事にして歌うと伝わるものがちがうなと感じることがしばしばです。

それでは、ここから「幸福力」について、さらに深く掘り下げて考えていきましょう。

幸せの値段

「幸福」は、お金とどう関わっているのでしょうか。

アメリカの経済誌『Forbes（フォーブス）』に登場する、世界の長者番付にのる人たちの精神的満足度を調査した報告があります。それによると、そのようなお金持ちの三七パーセントは、平均的な所得のアメリカ人よりも満足度が低い。長者番付にのるほどのお金持ちになったからといって、人生に満足しているとはかぎらないのです。

日本社会に目を移してみましょう。日本では、国民総所得（GNI）が上昇した分、国民の幸福度はそれに比例して上がってきましたが、興味深いのは、ある程度上がった後、横ばいになっていることです。つまり、食べることや寝ることなどの生存に関わる部分が確保されるまでは、その幸福度は経済的豊かさに比例して上昇していきます。しかし、それらが満たされた後は、いくらお金が増えても幸福度が大きく上がっていくことはないのです。

では、人はいくらあれば、幸福を感じるのでしょうか。先の例にもありましたが、一億円あれば幸福かといえば決してそうではありません。大事なことは、願望ではなく、自分にとって必要なお金がどれくらいかを知ることです。そこをきちんと見極めたうえで、必要なものがあれば、人は不幸にはならないのです。

必要なお金は人によってちがいます。私の場合は、原稿を書くためにひとりになれて、かつ見晴らしの良い部屋があり、ちょっと旅行にも行ける余裕があるとうれしい。でも、それ以上のお金はいりません。贅沢《ぜいたく》な洋服やバッグがほしいということもありません。私のことはほんの一例ですが、私よりももっと必要なお金が多い人もいるし、少ない人もいるでしょう。それは人によってちがうので、比較する必要は全くないのです。

大事なことは、冷静に自分を見つめ、何が必要かを見極める。感情的になるのではなく、自分と向き合い、自分を知ることです。

フランスの哲学者ドゥニ・ディドロについて、こんな話があります。「ディドロの後悔」と呼ばれる話です。あるとき、ディドロは素晴らしい緋色《ひいろ》のガウンをプレゼントされました。あまりにも綺麗なのでうれしくてそれを着て椅子に座ったら、素晴らしいガウンと汚れた椅子が合わない。新しい椅子に替えてガウンを着て座ったら、今度は使いこんだ書斎の机やなじみの本棚が全くのミスマッチ。ならばと、全部を新しく替えてガウンを着て座ったんです。すると、とてもマッチしたけれども、非常に居心地が悪い。それでディドロはものすごく後悔して、素晴らしいガウンに対して怒りを感じた、というお話です。

この話に共感する人は多いのではないでしょうか。私たちも、良いものを一点でも持とうと考えがちです。お金がなくても、ブランドもののバッグを一つだけ買う。ところがバッグだけ買っても似合わない。そこで服や髪型も変えて全部を合わせようとすると、自分らしさがなくなって居心地悪く感じてしまう。

以前、フランス人の知人から、「フランス人は宝くじが当たっても最高級の三つ星レストランには行かない」という話を聞いたことがあります。もし宝くじが当たったら、「自分たちの行きつけの店で最高のワインを飲んで一番美味しい料理を食べる。それが一番、心地いいから」と。なるほど、と納得しました。

これまで私たちは、ものが豊富にあれば、外的な条件がたくさん揃えば幸せになれると思ってきました。高級車を一台買えば幸せになると思って、それを求めてきました。ところが、それに合わせて全部を変えているうちに、知らぬ間に自分にとっての心地よいものを手放してきたのではないでしょうか。

現代社会は、グローバル化が進み、ものも情報もあふれています。だからこそ大事なのは、自分が本当に心地よく生きるためには何が必要かを、しっかりと見極めて必要なものを選び取っていく力だと思います。

他者と比べて不幸を感じている

お金持ちが多く住み、かつ貧しい人も住んでいるという収入格差の大きい州と、お金持ちではないけれども、だいたい同じくらいの所得の人が住むという州の幸福度を比較したアメリカの調査があります。その結果は、収入格差の大きい州ほど幸福度が低いと出ました。

また、二〇一二年、私は三〇〇〇人を対象に、ある調査を行いました。それは、経済的な豊かさとコミュニケーションがどう関係するかというものです。女性の場合、経済的ゆとりがなくなると、まわりとのコミュニケーションが悪くなる。とくに、若い女性では友人関係が疎遠《そえん》になり、中年女性の場合は、親戚や近所の人との関係が悪くなるという傾向がありました。

一方、中年男性は、ほしいものも手に入れてないし、それほど豊かではないと答えているにもかかわらず、コミュニケーションには影響がない。それは、自分だけでなく、同世代の皆も大変なのだという意識が強いからではないでしょうか。

『でんでんむしのかなしみ』（文・新美南吉《にいみなんきち》）という童話があります。でんでんむし（かたつむり）は、ある日、自分の殻《から》に悲しみがつまっていることに気づき、殻を背負っていることがつらくて生きていけないと思うようになる。しかし、まわりのでんでんむしに聞いてみると、「私の背中にも悲しみがいっぱいです」と言われる。そこで、主人公のでんでんむしは、「私だけではないのだ」「みんな同じように背負っているのだから生きていこう」と思うのです。

経済的豊かさと人生の幸福度・満足度に関する調査を通してわかったことは、多くの人は他者と比べるなかで幸・不幸を決めているということです。

人は、他者との比較のなかでしか幸福を感じられないのでしょうか。私は、そうではないと思います。では、どうしたら自分で幸せを見出し、生み出していく「幸福力」を高めることができるのでしょうか。

自分にとって必要なものと願望とをしっかり区別している人は、他者と比較しません。大事なことは、自分にとって必要なものがあるかどうかであり、なければ手に入るように努力すればいいだけの話。他者と比較することはありません。自分にとって必要なものがわからないから、まわりと比較して「あの人はもっているのに」「隣のほうが上だ」などと思ってしまう。つまり、自分のアイデンティティーが確立していない人、自分の生き方が明確でない人が比較してしまうのだと思います。

とはいえ、アイデンティティーや自分の生き方を確立していくことは一朝一夕《いっちょういっせき》でできることではありません。そこでお勧《すす》めしたいのは、「頭上のオレンジ」と呼ばれるアメリカ発のカウンセリングで行われている方法です。頭の上にオレンジが一つのっていると想像し、そのオレンジから周囲を見ていると仮定する。自分の普段の目線を少し上にもっていくようにイメージするのです。そうすることによって、視野が広がり、客観的に自分を捉え、冷静に物事を考えるきっかけになります。そうやって自分自身を見つめていくことで、次第に自分にとって本当に必要なこと、進みたい道が見えてくるのではないでしょうか。

また、自分は生き方に誇《ほこ》りをもち満足していても、ときとして、他者に「あなたは○○さんに比べてみじめね」などといわれる場合があります。そんなときも動じることはありません。相手の指摘が正しければ、努力すればいい。でも自分らしく努力して一生懸命生きているときにそう言われたら、闘うことです。堂々とすることとです。強い覚悟をもたなければいけません。そのときにめげるというのは、自分で自分を蹴《け》り飛ばしているようで、自分にも失礼なことなのです。

ストレスに強くなる

最近では、心の状態が体に影響を与え、身体的な症状として現れるということは広く知られるようになりました。アリゾナ大学のアンドルー・ワイル教授は、医師の手が必要な病気はわずかで、多くの病気は自分の力で治せるとし、自分の体のもつ力に気づく重要性を指摘しています。元気に幸せに過ごすためには、心や体と上手に付き合っていくことが大切です。ここでは、それをふまえて「幸せを呼び込む心と体の作法」について、お話ししたいと思います。

私が女性のための心療内科クリニックを開いたのは一九八四年。しばらくして男女雇用機会均等法が施行され、女性の社会進出が進み、一気に社会が変化しました。仕事や、仕事と家庭の狭間《はざま》で悩み、ストレスを生じた多くの女性たちが、さまざまな体の不調を訴《うった》えて来院しました。

本当にさまざまな症状があり、体とは心の状態を語る「身体言語」ではないかと感じたほどです。口で「ノー」と言えない代わりに体で「ノー」と言う。それが、頭痛や肩こり、腰痛、めまい、胃痛などの体の症状となって出ていました。

ある方は、体の左半分、頭や肩、首、腕に激痛があり、薬も効かないほどでした。CTなどで検査をするのですが、異常は見当たりません。話を聴いていくうち、彼女の席の左側に座る先輩社員との関係がうまくいっていないことがわかりました。若いのに仕事ができると高く評価されていた彼女は、嫌だと思ったことがあっても、それを口にすることができず我慢していました。そのストレスが体の症状となって現れていたのです。

私は、自分の体と「おしゃべりする」ことを勧めています。自分の体に「どうして痛いの？」と語りかけ、じっくり耳を傾《かたむ》ける思いで自身を顧《かえり》みることです。そうすると、さまざまなことが見えてきます。

また、何か事件が起きた際、周囲の人が加害者について、「普段はおとなしく、そんなことをするとは考えられない」と話すことがあります。最初はちょっとした不満や小さな怒りだったものが、心に抑《おさ》え込み、ため込むことで、次第に大きくなり、ついには爆発して外への暴力として表れるのです。

アメリカでは「体と一緒に心も動く」という言葉があります。憂鬱《ゆううつ》だったり、億劫《おっくう》だなと感じるときは、散歩でも掃除でも、少しでも体を動かしてみると心も軽くなります。また、怒りの感情や攻撃性は体を動かすと減退するともいわれています。

自分の感情ときちんと向き合い、自分なりに表現していくことは、考えている以上に重要なことなのです。

次に、体のしくみに目を向けてみましょう。ストレスがかかり、緊張すると交感神経が活発になります。すると、血管が収縮して筋肉に力が入ります。また、心拍数が上がり、心臓がどきどきするのを感じるでしょう。これは、急な動きに対応できるように体が準備をしているのです。たとえば地震などで身の危険を感じた際に動悸《どうき》が激しくなるというように。

けれど、平常時にこのような緊張状態が続いていたら、血管に負担がかかり、動脈硬化になる可能性が高まります。コレステロール値も上がりますし、アドレナリンはじめ、さまざまなホルモンに影響を及ぼすため、血管障害、血糖値上昇で成人病にもなりやすくなります。精神的なストレスにより心が落ち込むと、免疫力も低下し、風邪をひいたり、病気にかかりやすくもなるでしょう。このように、心と体は密接に関係し合っているのです。

「自己カウンセリング」のススメ

現代はストレス社会といわれ、人々は多くのストレスを抱えているといわれますが、皆さんはどうやってストレスと向き合い、対処していますか。

そもそもストレスとは何でしょう。もともとは物理学の言葉で、物体が衝撃《しょうげき》を受けた際に歪《ゆが》んだり、へこんだりする現象をそっくり人体に置き換えたものです。さまざまな衝撃があって、体や心にできる歪みをストレスといい、衝撃をストレッサーといいます。災害や経済状況、周囲との人間関係、睡眠不足や生活環境の変化など、ありとあらゆるものがストレッサーになりえます。

一九六〇年代にアメリカのトーマス・ホームズ博士らは、ストレスの原因になると思われるストレッサーを四三個あげ、その強さに点数をつけました。その結果、一番大きなストレッサーは配偶者の死で、満点の一〇〇点。次に離婚や別居、と続き、他には失業や借金などの要因も挙げられています。これをホームズ指数といい、その総合点が高くなるほど、体や心に不調をきたす要因になると博士は述べています。

ただ、ストレッサーに対して、誰もが一様にストレスを感じて心身に影響が及ぶかといえば、そう単純なものではありません。個人のパーソナリティやストレス対処能力、またサポートしてくれる人が、周囲にいるかいないかという点も関係してきます。

ストレス対処能力の一つとして、物事の捉え方があげられます。ストレスを感じやすい人は、悪い出来事が起こったとき、悲観的に捉えたり、自分を責めるような考え方をしがちです。そんな人はとくに、自分の思考回路を点検して、ストレス対処能力を上げていくことが大切です。まずは、ストレスをためやすい思考をいくつか紹介しましょう。

一つ目に、「拡大視と縮小視思考」があげられます。嫌なことばかりを大きく捉え、良いことを見ようとしない。失敗したことに囚《とら》われて良かったことはすぐに忘れるという思考です。二つ目は、「すべてか無かの完璧《かんぺき》思考」です。たとえば、仕事が八割方済んでいても全部ができていないと無（ゼロ）だと考えてしまうという思考です。三つ目に、先の先のことまで思い悩む「先読み思考」。そして最後に、「一般化思考」です。一度失敗したらすべてがダメだと思ってしまう。一人に嫌われたら全員に嫌われていると思ってしまうような思考です。

程度の差こそあれ、落ち込んだらこのような思考に陥《おちい》っている場合が多いはずです。では、どうしたらよいのでしょうか。

まず、自分の置かれた状況を客観視することです。これは当たり前のようで、実はできていないことがあります。私が担当している新聞のコラムに寄せられた投稿に「娘は周囲に迷惑をかけていることに全く自覚がない人間です」とありました。冷静に考えれば、「自分にとっては全く自覚がない人間に見える」が正解であって、娘さんが自覚がないかどうかは、当事者に聞いてみないとわかりません。事実と想像を混同しているのです。

私は、自分のことを客観視するためのトレーニングとして「書くこと」を勧めています。ノートの上半分に起こった出来事だけを書き出し、下半分に自分が感じた気持ちを書きます。そうすることで頭と感情が整理され、自分を客観的に眺《なが》めることができるようになります。「自己カウンセリング」といってよいでしょう。

また、私は嫌なことや困ったことがあった際、現状を俯瞰《ふかん》したうえで自分ができることとできないことを分けて、できることを一生懸命やり、あとの結果は手放すようにしています。たとえば、喧嘩《けんか》をして自分が悪いと思ったら謝《あやま》ります。そこから先、許してくれるかどうかは、相手に任《まか》せるほかありません。そこを何度もぐるぐると考えて落ち込まず、また、思い通りにいかなくとも「やれるだけのことはやった。そういうこともあるさ」と自分を納得させるようにするのです。失敗は自分を成長させるチャンスとして活かしていくことが大事ですから。

うつ状態に陥ったら

ストレスへの対処法としては、「身体面」「自己表現」「サポート」「物事の捉え方の転換」の主に四つのアプローチがあります。

まず「身体面」について、体の疲れは心の疲れに通じていくことを知り、こまめに疲れをとる工夫をしていくことが大切です。たとえば、デスクワークが続き、だるさや疲労を感じたとき、ちょっとしたストレッチや深呼吸で疲労感が変わってきます。散歩や軽いジョギング、ヨガなどで体を動かすことも、疲労回復に効果的です。また、香りによって心身をリラックスさせるアロマテラピーもお勧めです。アロマテラピーは、鼻粘膜《びねんまく》の嗅《きゅう》細胞から吸収された成分が大脳辺縁系に直接作用して交感神経の緊張を緩和《かんわ》させるため、リラックスするのに効果的です。

とはいえ、やはり基本となるのは、十分な睡眠とバランスの良い食事、そして休息です。仕事などが休める状況にないといって無理を重ねると心身ともにストレスがたまり、簡単には疲れのとれない慢性疲労やうつ病をはじめとしたさまざまな病気を誘発《ゆうはつ》し、結果として長期間休まざるを得ない状況になりかねません。良い仕事をしていくためにも、きちんと体を休ませる、こまめに手入れをすることが大切だということを肝《きも》に銘《めい》じておきたいと思います。

二つ目のストレス対処法として、「自己表現」があります。周囲の期待に応えようと、自分の気持ちを抑えたり、過剰なまでにまわりに合わせようとする人は、ストレスで身体に不調をきたしたり、うつ病などを発症するリスクが高くなります。近年は職を失うことへの恐れから職場のなかで我慢し続け、自分の気持ちを抑えてしまう人も増えています。

このような場合、自分の感情を何かの形で表現することをお勧めします。絵を描く、楽器を演奏する、思いをノートに綴《つづ》るなど、何でも良いので自分に合った自己表現の手段を見つけてもらいたいと思います。

ある女性は、良き妻、良き嫁であろうとするあまり、何十年も自分を抑えてきたそうです。体調不良が続いていた彼女は、自分の気持ちをユーモアを交えて短歌で表現することを始めました。すると、悩んでいた体調の悪さが改善されたのです。これは、自己表現とともに、自分自身のことや置かれた状況を客観視することで物事の捉え方を変えていく効果があったのだと思います。

サポートしてくれる存在も非常に重要です。何でも話し合える人や自分の悩みに共感してくれる人がいることは、ストレス対処の大きな鍵となります。思い当たる人がいない場合は、そのような存在を求める、探すという姿勢も必要でしょう。

最後に、「物事の捉え方の転換」です。これまで何度も申し上げてきましたが、嫌な出来事や困難なことに直面した際、それらを「自分を成長させるチャンス」などとポジティブに捉えることで、ストレスに対処することができます。それが難しく、どんどんネガティブな方向に思考が向かう場合は、先に紹介したように起こった出来事と自分の感情を紙に書き出して見直し、歯止めをかけることが大切です。最初はうまくいかなくても、トレーニングを繰り返すうちに少しずつポジティブな思考ができるようになっていきます。

以上を参考に、これからの人生のために自分にあったストレス対処法を見つけていただきたいと思います。

生き方を見直すサイン

気分が落ち込んだとき、「自分はうつ病になったのではないか」と思い込むことで、いっそう気が滅入《めい》ってしまう場合があります。しかし、うつ状態とうつ病はちがいます。気持ちが暗く落ち込んでいても、人に話を聞いてもらうと少し気分が楽になるとか、美味しいものを食べると少し元気が出るなどの状態であれば、うつ状態です。

うつ病の場合は、一日中ずっと落ち込んだまま、気分が全く動かない。仕事や家事をしたくても、体が動かない。さらに「自分が全部悪い」と自責の念や自分を罰しようとする感情が強い。加えて睡眠障害や食欲低下など、体の症状を併発《へいはつ》することがほとんどです。そのように気分が低下したままの状態が二週間ほど続いたら、うつ病の可能性が高いのです。

うつ病の治療法としては、抗うつ薬の投与のほかに、認知行動療法がありま す。その人の考え方や物事の捉え方に焦点を当て、カウンセリングと「書く作業」によって、自分の考え方のパターンや思い込みを点検し、客観的な考え方へと修正していく治療法です。また、新しい治療として、アメリカでは、経頭蓋磁《けいとうがいじ》気刺激《きしげき》療法が注目されています。うつ病によって働きが鈍《にぶ》くなったり、変調をきたした脳の部分に、磁気刺激を与える方法です。

ただ、うつというのは、その人の物事の捉え方や環境などが大きく関係していますから、私はうつ病になる前のライフスタイルを見直す必要があるのではないかと思っています。

講演会でうつ病を患っている方から、「以前のように仕事をバリバリやれるようになるにはどうしたらいいでしょうか」という質問を受けたことがあります。

私は、うつというのは「前とちがう生き方をしなさい」というサインではないかと思っています。自分の生き方は、心や体に映し出されます。どこか調子が悪いとか痛いとか、憂鬱だというのは、「そういう生き方は嫌だ！」と自分が言っているわけです。ですから、これからの人生をより心地よく生きていくために、その症状は起こっているのだと考えてほしいのです。

以前、軽度のうつ病の方から、「会社がつまらない」と相談を受けました。世間体のいい有名企業だからという理由で就職したものの自分には興味や関心の湧かない分野だったのです。私は、「大変でも努力するのが嫌ではないことを見つけていきましょう」と話しました。やっていると夢中になり、そのプロセスで自分が幸せを感じ、さらには、まわりの人の手助けにもなる。それが幸福な人生であり、幸せな人だという思いから、私は医師として、それが見つけられるようにサポートをしてきました。努力して自分が少しずつ進歩する楽しさ、喜びを見つける。その手伝いをするのが、医師やカウンセラーであり、ひいては学校の先生や親でもあると思います。

私が小学生時代、今でいう注意欠陥《けっかん》多動性障害（ＡＤＨＤ）の同級生がいました。教室で騒いだり暴れたりするため、まわりは皆、怖がっていました。三年生のとき、五十代の女性が担任の先生になりました。先生は、皆と一緒にその子を近くの貝塚に連れて行きました。そのとき、一生懸命に土いじりをしていた彼は、土のなかから縄文式の土器を見つけたのです。そこから次々と見つけ出して、それがその地方の博物館に展示されることになりました。その後、彼は発掘を学べる学校に進学しました。その先生でなかったら、彼は落ちこぼれたままだったかもしれません。自分が熱中できて、努力するのが楽しいものを見つける。そうすれば、人生は豊かになります。

「ネコの視点」でチェック

生活のなかで「しなければいけないこと」と「したいからすること」の割合をチェックしてみてください。私はこれを「ネコの視点チェック」と名付けているのですが、後者の割合が高いほど、心の満足度が高いと考えています。ネコは「しなければいけない」とか、この人に会うと得だとか考えずにしたいことをする。でも、人間はそうはいきません。生活するためには、しなければならないことがあります。しかし、人生のなかにほんの少し「努力が楽しい」「お金にならなくてもしたい」ことが増えると心が豊かになります。

歳をとる良さは、若いころは「しなくてはいけないこと」だったことが、少しずつ好きになり、そこに楽しみを見つけられるようになることかもしれません。私は若いころは、研究や文献調べを義務としか感じられませんでしたが、今は研究が大好きになりました。「したいからすること」が増え、「ネコの視点」の比率が高まっていることに、ひそかに喜びを感じているのです。

第二章

幸福な人間関係

人はひとりでは幸せになれない

幸せは伝染する

人と人とのつながりは、幸福感にどのように影響するのでしょうか。

家族や友人、仕事仲間など、私たちはさまざまな人間関係のなかでネットワークを形成しながら生活しています。このネットワークが私たちの心と体の健康に影響を与え、ネットワークが多いほど幸福感や人生の満足度が高まる——。そんな研究がアメリカで盛んに行われているのです。

ニコラス・A・クリスタキス医学博士がハーバード大学で研究した興味深い調査論文があります。博士はかつてアメリカで行われた大規模な疫学《えきがく》研究「フラミンガム調査」をもとに、喫煙者や糖尿病患者、肥満の人のネットワークを調べました。それによると、「似たもの同士」という言葉があるように、喫煙者はそのまわりにいる人々、家族や友人なども喫煙する場合が多く、糖尿病、肥満などの項目も同様に、同じ傾向の人が集まっているという結果が出ました。

また、幸せな気分の人のまわりには幸せな気分の人が多く、憂鬱な気分の人の周囲には、同じように憂鬱を感じている人が多いと報告しています。博士は、気分や状況は波紋《はもん》のように人から人へ伝わり、それは親しい三ステップ、友の友の友にまで影響を及ぼすと述べています。

自分がイライラすると、家族や友人、そのまた友人にもイライラ感が伝わり、反対に自分が幸せな気分でいることで周囲を幸せにすることもできるのです。

人は歳をとると、だんだんと人間関係が狭くなる傾向にあります。このようにネットワークが小さくなると、うつ病になったり、健康に影響を及ぼすことさえあるといわれています。また、日常的に話す人の数が多いほど、満足感を覚えていたり、元気な人が多いという研究報告もあります。定年退職後や子育て終了後は、人との関わりが減り、ネットワークが小さくなりがちなので、積極的にネットワークを広げることを心がけるとよいでしょう。

日本では、広く浅いつながりよりも、人数が少なくても深い人間関係を結ぶほうがいいという意識が強く、実際、私もそう思っていました。しかし、広いネットワークをもっていれば、いざというときに誰かにサポートしてもらえる可能性や期待が高くなる。つまり、ネットワークの質だけでなく大きさも、「幸福力」の大きな要素になるのです。深いつながりだけでなく、浅いつながりも大事にしたいものです。

何か問題が起きたとき、日本人は身内にしか話さず、外にサポートを求めない傾向がありますが、これが結果的に解決を遅らせることにもなります。さまざまな人に早く助けを求めていれば、事態が悪化せずに済んだというケースが、実際、たくさんあるのではないでしょうか。

困ったとき、まわりに「ヘルプ！」と言える自分であるかどうか。これは非常に重要です。たとえば「孤立死」を防ごうと、行政はじめ、さまざまな団体が声かけを行っていますが、痛ましいニュースは後を絶ちません。現実的に、「助けて」と本人に声をあげてもらわないと見つけるのは難しいのです。

日本人は、人に迷惑をかけないことが美徳《びとく》だと考える傾向にありますが、アメリカ人は、迷惑をかけ合いながらともに生きるという発想をもちます。人から迷惑を被《こうむ》ることも、自分が迷惑をかけることもある。だから「お互いさま」でやりましょう、と。このような考え方は、見習うべきだと思います。

また、ひとりの人にだけ何もかもすべてを相談していると、相手が抱えきれなくなってしまうこともあります。ですから、私は「つながりとサポートの区分けをしましょう」と提案しています。子育てのこと、夫／妻のこと、仕事のこと、趣味のことなど、個々の内容をそれぞれ別の人に話すようにして、相談できる相手を増やしていくのです。

また、いろいろな顔をもつこともネットワークを広げ、「幸福力」を向上させる重要な要素です。母親としての自分や会社で働く自分だけという人は、そこで問題が生じたときに、自分のすべてを否定されたように感じてしまう。けれど趣味やボランティアなどで、ほかにもつながりをもっていると、別の視点から自分を見つめることができます。

私は、仕事の人間関係がうまくいかないときは、ジャズ仲間のところに行きます。彼らは経済的に大変でも幸せに生きている人たちばかりで、人の足を引っ張ることもありません。ですから会うと、不思議なほど、ほっとできるのです。

最後に重要なのは、「損か得かの付き合い」ではない人間関係を作ることです。利害を抜きにして、相手のことが好きで一緒にいるだけで楽しかったり、話を聞きたいという人には、自分が困ったときに「力を貸して」と言いやすい。それは相手も同様でしょう。現代は、手紙やハガキ、メール、ＳＮＳなどさまざまな手段がありますから、それらを上手に利用して、日頃からつながりを作っておくことが大切だと思います。趣味の会やサークル活動などにも気軽に足を運ぶこともお勧めします。

友人の存在が免疫力を向上させる

つづいて、ネットワークと健康のつながりを示す興味深い事例をいくつかご紹介しましょう。

二〇〇五年にアメリカ南東部を襲った「ハリケーン・カトリーナ」。その被災地で、ＰＴＳＤ（心的外傷後ストレス障害）になったのは、圧倒的に女性が多かったそうです。ある社会学者は、被災後の活動内容を男女別で調査しました。それによると、男性は外に出て復興のための活動を行い、女性は家のなかで子どもの世話や避難所に引っ越すための荷造りばかりやっていた。誰かと力を合わせて活動するのと、人との交流がほとんどなく、ひとり家のなかで過ごすのとでは精神的に随分ちがいますから、それがＰＴＳＤ発症にも関連があったのではないかと指摘しています。

ほかにもアメリカの調査で、社会的ネットワークを広くもつ女性は、そうでない女性と比べて心筋梗塞《しんきんこうそく》など冠動脈疾患《かんどうみやくしつかん》にかかる率が低いという報告があります。

このように、社会的なつながりは健康にも多大な影響を与えると考えられます。その意味において、高齢者や女性など、多くの時間を家でひとり過ごすということがないよう、ネットワークを広げる工夫をしてほしいと思います。

もう一つ、つながりや格差と健康に関する研究で知られるハーバード大学のイチロー・カワチ教授らの著書『不平等が健康を損なう』（日本評論社）で紹介されていたピッツバーグ大学のシェルドン・コーエン博士が行った「風邪に対する抵抗力をアップさせる要因は何か」という調査も示唆《しさ》に富んでいます。

風邪のウイルスを少量ずつ、二七六人のボランティアに感染させたところ（すごい実験ですね）、九九パーセント以上が感染しましたが、そのうちの半数には風邪の症状が現れませんでした。その背景を探ったところ、友人との接触が多い人ほど、風邪の症状を起こしにくいという結論にたどり着いたそうです。つまり、仲間と会って楽しいと感じることで免疫力が向上したというのです。

また、「思う」という行為は、それ自体、大きな力をもっていることがわかってきました。たとえば、「○○時に起きよう」と思って寝ると、予定していた起床時間の一時間くらい前から体内で副腎皮質《ふくじんひしつ》刺激ホルモンが分泌《ぶんぴつ》され、目覚める準備をするのだそうです。その結果、予定の時間に起きることができるのです。

ただし「○○時に起きなくてはいけない」と思いながら寝ると、それがストレスとなって寝つきが悪く、眠りの質が低下するといわれています。

「思う」ということに関連したお話ですが、イギリスのある執事《しつじ》が淹《い》れる紅茶が特別に美味しかった。何か秘訣《ひけつ》があるのかと聞いたところ、「淹れるときに気持ちを込めているのです」と語ったというのです。思いを込めて淹れると味も変わってくるのだと思います。

「うれしい」「楽しい」「こうなったらいいな」「これはうまくいく」といったポジティブな思いを抱くと、体内で免疫力を高めるＮＫ（ナチュラルキラー）細胞を活性化させたり、さまざまなホルモンが出ることがわかっています。心と体はつながっている。人と自分もつながっている。それを実感することで、「幸福力」は向上していくのではないでしょうか。

苦手な人と向き合う

「職場の悩みの大半は、人間関係にある」といわれるように、誰しも「苦手だな」と思う人はいるものです。皆さんは、そうした人とどう付き合いますか。苦手な人とはなるべく顔を合わせないように避ける場合が多いのではないでしょうか。実は、それが良くないのです。苦手な人や対立関係にある人などを避けて会わなくなると、相手への苦手意識がさらに高まり、関係がいっそう悪くなってしまうからです。

「会いたくない」と思う人には、勇気を出してちょっと話しかけてみる、というのもいい方法です。ちょっとしたきっかけで相手を理解するゆとりをもつことで、今まで見えなかった長所に気づいたり、思いを知ることができたりと、ふたりの距離が少しずつ近づいていくはずです。

私が所属していたハーバード大学の研究室では、がん研究に関する合同会議が毎月一回開かれていました。そこでは、前回の会議後から今日までに起こった出来事などの最新情報を交えて自分の研究のアップデートを要約して紹介するのが、会議の恒例《こうれい》となっていました。話を聞いてみると、たった一カ月間でも、人は実にさまざまな変化があるものです。ちょっとした工夫を加えたアップデートは、新しいメンバーを知るだけでなく、すでに顔見知り同士であっても、互いの理解を深め、結束力を高める効果がありました。人間関係は、相手を知ることから築かれていくのです。

苦手な人や好感をもてない相手の話を聞くときは、「事実」と「感情」を混同しないように気をつけることが大切です。たとえば、相手が自分勝手な発言をした場合、「この人は自己中心的で嫌だ」とネガティブな感情をもってしまいがちです。そうではなく、「この人は、物事をそう見るんだな」と事実だけを客観的に受け止めるようにする。捉え方を変えるだけで、腹が立つこともなく、相手の言動に振り回されなくなります。そうやって、まずは自分が変わることです。

「事実と感情を分けて客観的に物事を考える」という思考は、当たり前のことのようですが、実はできていない場合が多くあります。とくに、人から改善を求められたり、自分の落ち度を指摘された際は、「こんなことを言うなんて、あの人はなんて嫌な人だろう！」などと感情的になってしまいます。言われたこと自体に反発し、その内容を冷静に考えられなくなるのです。

これはあまりにもったいないことです。相手の指摘は、自分が成長できる貴重なアドバイスかもしれませんから、まずは言われた内容を客観的に捉え、冷静に自分を見つめ直すことです。結果として、その発言が事実でなければ、それは間違いだということを、根拠を示して相手にきちんと説明しましょう。その後で、相手が受け容れてくれなくても、やるべきことはやったのですから、落ち込む必要はありません。相手の反応がどうあれ、自分が誠意を尽くすことです。

一方、言われた内容が事実であれば、逃げずに向き合いましょう。事実を見つめることは、ときに自分にとっても相手にとってもつらいことがあります。それでも、勇気を出して向き合うとき、人は成長できますし、その力を本来は誰もがもっていると思います。

逆の立場を考えてみます。相手が間違っていると思ったとき、あなたはそれを伝えることができますか。人間関係を壊さないようにと、自分の胸に留めてしまう人も多いのではないでしょうか。人に事実を告げることを避けてしまうのは、相手を傷つけるからではなく、「嫌なヤツ」と思われたり、自分が非難されることを恐れているからです。

大学の授業中、ある学生の発表に対して私が、「それはちがうのではないか」と指摘したところ、突然、泣き出してしまいました。そのような場合、前述の理由などから、往々《おうおう》にして指摘した人は問題の追及をやめてしまいます。その結果、「言いたいことが言えなかった」というしこりが残る。一方で泣いたほうは、改善すべきところが指摘されないために、その人自身の進歩が遅れてしまうことになります。

だからこそ私は、相手に嫌われようとも、言うべきことは言うように心がけています。泣いている学生にも、誤っていると思う部分を指摘しました。もちろん、後でアシスタントに「あくまでも発表方法の誤りを指摘したのであって、人格を否定しているわけではないことを伝え、慰《なぐさ》めてきてもらえますか」とフォローを頼みました。結局、彼女は翌週も休まず授業を受け、その後の発表では問題点が改善され、見事なプレゼンテーションを行いました。

さらに、私が事実と感情を混同せず、「おかしいことはおかしい」と主張する姿勢を貫《つらぬ》くなかで、次第に他の学生たちもそのような思考と行動をするように目に見えて変わってきたのです。

以前、勤務していた大学では講義以外にも、ランチタイムを利用して「海原カフェ」というものを開いていました。学部に関係なく、希望者に論文の書き方、プレゼンテーションのやり方などを教えているのですが、大学の単位と無関係にもかかわらず、大勢の学生が集まるようになりました。

あるときの「海原カフェ」では、ゲストがみえたときの話し方について学生に教えました。その後、ある企業家がみえた際、女子学生が手をあげて簡単な自己紹介をし、「今日は貴重なお話をありがとうございました。こういうところがすごく印象的でした。質問が二つありまして」と、自分が何者であるかということと、ゲストの話に対する感想を整理して堂々と発言してくれました。

話し方の如何《いかん》で、相手に良い印象を与え、良好な人間関係を築くこともできると改めて実感した出来事でした。話し方のスキルを磨《みが》くことも、お互いの理解を深め、よりよい人間関係を築く重要な要素といえるでしょう。

大人の「泣き方」

昨今では、「泣ける映画」や「泣ける本」などが人気を集めています。泣くことは、心の浄化《じょうか》作用になるといわれますが、私はただ泣きさえすればいいという傾向には反対です。

ある研究では、成人期においては、泣くこと自体が気分の浄化をもたらすのではなく、泣いたことで周囲からの慰めやサポートが受けられたり、自分の感情に気づき、自己と向き合えたときに安心感や解放感が得られるとしています。つまり、泣くという行為を通して、人とつながったり、自己と対話をし、自分を見つめることが大切なのです。

以前、新聞にストレス解消法について尋《たず》ねたアンケート調査の結果が掲載されていました。それによると、第一位が「おいしいものを食べる」、第二位が「寝る」でした。これらは、いずれも気晴らしとして感情を処理しただけのものです。先述の「ただ泣く」ということも同様です。もちろん、ときにはこれらも必要ですが、感情処理だけでは、ストレスが積み重なったときに食べる量や酒量が増えていき、今度はその行動に依存してしまうことになりかねません。ですから、気晴らしだけでなく、ストレスのもとと向き合い、その解決策を考えていく必要があります。そこでも事実と感情を分ける思考が役に立ちます。たとえば、イライラするとき、なぜ自分は怒っているのか、どうすれば怒らないで済むかなど、客観的に事実を見つめていくなかで、ストレスの原因や取るべき行動が見えてきます。こう考えると、事実と感情を分けて考えるという思考も「幸福力」の一つといえるかもしれません。

「怒り」の解決法

皆さんは過去に感じた怒りを、しばらくしてまた思い出してイライラしてしまう「思い出し怒り」の経験はないですか。そのメカニズムが最近の研究報告でわかってきました。

人間は未解決のことをきちんと処理したいという潜在《せんざい》的思考があるのだそうです。ですから、嫌なことがあって怒りを感じても、その原因に対処していない場合は、いったんは気を紛《まぎ》らわせて乗り切れたとしても未解決のこととして残ってしまう。そして、何かの拍子《ひょうし》に思い出して怒りの感情がよみがえってくるのです。さらに悪いことに、当初の感情よりも増幅《ぞうふく》された怒りが、反復していきます。

怒りの反復を止めるためには、根本的な怒りのもとを何らかのかたちで解決することです。怒りの原因となる相手を変えられなかったとしても、自分の心と向き合い、整理するだけで怒りの感情に決着をつけることができるはずです。

私は新聞で人生相談の連載をしていますが、「昔のことを思い出して家族を許せない気持ちになる」という相談を受けることがあります。身近なだけに家族に対する感情は激しいものがあります。憎しみとは「受け容れられなかった愛が凍《こお》りついたもの」と表現できるほど、自分にとって大事な人でなければ憎しみは生まれてきません。こうしてほしいと期待する相手に受け容れてもらえない、自分の感情がわかってもらえないつらさが、いつしか怒りや憎しみの感情に変わってしまうのです。

人生相談では、とくに女性の方から「母親への怒りが抑えられない」という悩みが多く寄せられました。子どもにとって母親は絶対的な存在ですから、当時反抗できずに閉じこめていた感情が大人になって怒りとしてよみがえってくる。愛してほしい存在だっただけに憎しみがよけいに強くなってしまうのです。

そんなときは、どうすればよいのでしょうか。まずは抑え込んできた感情にふたをせず、思い出すままにそのときの怒りや悲しみをノートに綴るなどして、気持ちを整理してみてください。そして、心のなかにいる傷ついた子どもの自分を十分にいたわってあげてほしいと思います。そうすることで、次第に心も落ち着き、やがて新たな一歩を踏み出せる日がくることでしょう。

「ごめんなさい」でリセットしましょう

相手との関係が近ければ近いほど、距離の取り方は難しいものです。

「ヤマアラシのジレンマ」という有名な寓話《ぐうわ》があります。冬の嵐の夜、全身に硬い毛が生えている二匹のヤマアラシが身を寄せ合って嵐を乗り切ろうとした。でも、近づき過ぎると互いの硬い毛が刺さって痛い。そこで少し離れてみると今度は寒くてたまらない。二匹はお互いの心地よい距離を一晩かけてやっと見つける、というお話です。

人間関係も同じです。近づき過ぎると鬱陶《うっとう》しいけれど、離れてしまうと寂しい。お互いが自分をしっかりもちながら、ほどよい接点を共有するのが心地よい関係といえます。

その意味では、夫婦はいつも一緒にいるだけに一番難しい関係ともいえます。ときに自分ひとりの時間を作って、自身を冷静に見つめ直したり、相手を客観的に見ることも必要でしょう。

そして、もう一つ、「夫婦だから当たり前」と思ってしまっていることがないかを見直して、ねぎらいやいたわりの気持ちを言葉にして相手に伝えましょう。「ありがとう」「この料理は美味しいね」「その服、よく似合ってるよ」など、たったひと言で、その後の関係がどれほどスムーズにいくことでしょう。

とくに重要なのが、「ごめんなさい」という言葉です。ある夫婦の話ですが、流し台に置いていた野菜を引っくり返した夫に対して「気をつけてよ」と妻が言ったところ、「暑いのにゴチャゴチャ言うな」との言葉が返ってきました。思い返すと、夫が「ごめん」と言ったのは、三〇年間で一、二回だったと気づいたそうです。

「ごめんなさい」という言葉には、一種のリセット効果があります。「ごめんなさい」と言われれば、ちょっとの失敗は水に流すことができますが、些細《ささい》なことでも相手から謝りの言葉がないと、嫌な思いや失望が心にたまっていってしまいます。毎日、顔を合わせる相手だからこそ、「ありがとう」「ごめんなさい」を忘れずにきちんと伝えるように心がけていきたいものです。

昨今、熟年離婚が増えていますが、長年我慢してきた妻が突然、夫に離婚を切り出すというのは、よく聞く話です。それぞれの夫婦にさまざまな事情と状況があると思いますが、ただ私は、「夫への不満を我慢して言わなかった」という妻の姿勢も決して良いとは思いません。日本では我慢することが美徳とされる傾向がありますが、相手に自分の気持ちを言わないのは、そこで波風を立てて自分が傷つくのが嫌だからという場合が多いように思います。夫婦関係にかぎらず、楽をせず、また逃げずにきちんと言葉にして、相手に伝える努力をする。その積み重ねのなかで、夫婦の絆《きずな》は育まれていくのではないでしょうか。

日本人は言葉のコミュニケーションが下手だといわれます。かつては相手の思いを察することで補《おぎな》っていましたが、今は察する能力と想像力が低下しているように思います。自分の気持ちを言葉でうまく伝えられず、相手のことも察することができない。これではコミュニケーションがうまくいくはずがありません。

最近よく子どもたちのフラストレーションがたまっていると聞きますが、その原因の一つに言語能力の低下があると思います。自分の気持ちをうまく言葉で表現できないのは、思いのほかイライラが募《つの》ったり、心がモヤモヤするなどの欲求不満状態を引き起こすのです。私はアメリカに行くと、英語で自分の気持ちを十分に伝えられず、フラストレーションがたまります。そんなとき、「子どもたちが感じているのは、こういう感覚なのだな」と実感します。表現することは、重要なコミュニケーション手段であり、ストレス対処能力の一つなのです。

では、表現力を身につけるには、どうすればよいのでしょうか。言うまでもなく基本となるのは、しっかりと本を読むこと、文章を書くことです。これまでの日本の学校教育は、テストの選択式問題しかり、文章構成能力を鍛《きた》えることに重点を置いていませんでした。ですから、子どもたちは、きちんと書く訓練や話す訓練をしてきていないのです。

そこで参考にしたいのが、アメリカの大学などで教わるエッセイを書く際の基本トレーニングです。まず、全体像を考え、タイトルと何について書くかを述べる。次に事例をあげる。続いて、それに関するデータやエビデンス（証拠、根拠）を示す。そして最後に結論を書く。この形式に沿って文章を構成して書けば、人にもわかりやすく、この通りに順序立てて話せば、聞いている側も理解しやすいのではないかと思います。

コミュニケーションは言葉だけでなく、表情や口調なども含めて総合的に成り立つものですし、何よりも重要なのは、そこにどんな思いや心が込められているかではないでしょうか。

「自分ひとりの力では何もできない」と思うところから、コミュニケーションは始まるといわれています。表現力やコミュニケーションスキルを磨くとともに、目の前の相手を認め、尊重する心も磨いていきたいものです。

利他の心で強くなれる

他人の幸せを願うこと、自分を犠牲《ぎせい》にしたとしても他人の利益のために行動すること――。これら「利他の心」には、自分の「幸福力」を高めていく大きな力が秘《ひ》められています。

東日本大震災では多くの方が犠牲となりましたが、なかでも我が身を顧みずに他人を助けようとして亡くなられた人々があまりにも多くいたことは、私たちの記憶に深く刻まれています。たとえば、津波を知らせるために最後まで車で走りまわった人々。その心は恐怖と不安で震《ふる》えていたのでしょうか。私はそうは思いません。彼／彼女らの心にあったもの、それは他人を助けようという必死の思いだけだったのではないか、と。

人は自分の身だけを守ろうとすると不安になりますが、ひとたび保身を忘れると不安がなくなります。東京電力福島第一原発で爆発が起こった後、私は不安でいっぱいでした。ですが、医者である自分がこのときに何もしなくていいわけがないと、避難所となっているさいたまスーパーアリーナに向かいました。いつ止まるかわからない電車のなかで私の心を占めていたのは、被災者の皆さんの緊張をほぐすストレッチの内容や手順のことばかり。つい先頃まであった不安は消え、「もしそこで何かあって死んだとしても後悔しない」とさえ思っていることに気づいたのです。

利他の心によって、人は強くなれる。他人のために何かをすることは、結局は自分のためになるのだと感じました。

また、いざというときに人のために動ける人は、普段から自分に何ができるのか、自分の役割は何かを考えて生きているように思います。

十数年前のことですが、高速道路を走るトラックの車輪が外《はず》れて、対向車線を走行中のバスを直撃する事故が起きました。横転して大惨事《さんじ》となってもおかしくないほどの事故です。ところが、亡くなったのはバスの運転手さんただひとりで、乗客には軽傷者が何人か出ただけでした。不思議に思っていましたが、後で、運転手さんが自らタイヤの直撃を受けるようにして、ブレーキをかけていたことを知りました。乗客の話では、バスは静かにゆっくり止まったそうです。それを聞いて、長年無事故の勤務を続けていたという彼の仕事への使命感と、最後まで自分の役割を全《まっと》うしたことに、私は胸が熱くなりました。

こうした行動は、命を助けられた人だけでなく、多方面にさまざまなメッセージを発信していきます。自分は、名前も知らない多くの人々によって支えられている。そんな意識が芽生《めば》え、自分の生活を守ってくれている「誰か」に対して感謝できるようになるかもしれません。

ただ、最近は、「してもらう人」と「してあげる人」が固定化しているように感じます。若い人たちと話していると、「自分は小さな幸せでいい」と言う人がいます。しかし、自分の幸せを守るために誰かが休みの日に病院を開けたり、誰かが夜中でも交番にいて安全を守ったりしているからこそ、その小さな幸せが成り立っていることに気づいていないのです。それは、とても悲しい感覚ではないでしょうか。ですから、私は人の幸せのために何ができるか、社会にどう貢献《こうけん》できるかを常に考える視点をもつことが必要だと思っています。

人に親切にするのは疲れるだけ、と考える人もいるようですが、人に親切にすると自分の幸福感が上がるという研究が世界で報告されています。たとえば、カリフォルニア大学のソニア・リュボミアスキー博士は、人に親切な行動をとると、相手だけではなく行動した本人にもいい影響を与えると発表。自己肯定感が上昇し人生満足度がアップしたという報告をしています。

「聴く」ことは、聞き出すのではなく分け合うこと

「落ち込んでいる友人を励ましたいけれど、どうしたらいいですか」と聞かれることがあります。

そんなときはまず、手助けする用意があることを相手にしっかりと伝え、「そばにいるよ」というサインを出すことが大切です。気分が沈んでいる人をサポー

トするのは非常に大変なことですから、「なんとか励まして元気にしよう」などと肩に力を入れずに、その人が自分で落ち込みから出てくるのを見守ってあげてください。

もう一つ重要なことは、巻き込まれないことです。落ち込んでいる人はたいていイライラしていますから、良かれと思ってしたことでも、反発されたり、やつ当たりされてしまう場合があります。そうすると、こちらも相手に怒りを感じたり、嫌になってしまう。逆に「かわいそう」と強く思い過ぎても、相手を不安にしてしまいます。ですから、常に中立的なスタンスを意識することが大事です。

それには、ひとりで何とかしようと思わず、チームを組むことも必要です。たとえば、連日、夜中に何時間も愚痴《ぐち》や不満を聞き続けるなど、自分だけに依存されると支えきれなくなってしまいます。ですから、友達や家族、場合によっては医師やカウンセラーを交えてチームを組み、何人かでサポートしていきましょう。

また、言葉で元気にしようとするよりも、日常生活を手助けするほうが力になることがあります。落ち込んでいると、電話に出られなかったり、買い物に行く気力がなくなったりします。そこで、食事の支度《したく》をしたり、掃除をするなど、ちょっとした雑事を手伝うようにします。そうすることで信頼が生まれ、「この人だったら大丈夫」という安心感から心を開いてくれるようになるでしょう。

最後に、「聴くこと」について触れておきたいと思います。昨今、「聞く／聴く」という行為をテーマにした書籍が数多く出版され、注目を集めています。ただ注意すべきなのは、落ち込んでいる人に対する精神的サポートとしての「聴くこと」は、人から話を「聞き出す」といった類《たぐい》のものではなく、あくまでも相手に共感するためのものであるという点です。相手がどんなことを思っているのかを知り、その気持ちを「分け合う」といったイメージです。

つらいときに、話を聴いてもらっただけで心が楽になったという経験は、誰しもあるのではないでしょうか。話す場がある、自己表現する場があるというだけで、人は救われるものです。

一方で、落ち込み、ネガティブな発言を繰り返す相手を前にすると、元気な人は「そんなことで悩むのはおかしい」「甘えている」などと思ってしまいがちです。それは表情に出て伝わってしまう。そこで重要なのは、「そんなふうに悲観的に考えてしまうと、どんなにか苦しいだろう」などと、相手の立場に立って想像する姿勢です。

いずれにせよ、「聴くこと」は、本来、大変な作業であるということを肝に銘じておきたいと思います。

人と人をつなぐユーモアの力

人と人とが距離を縮め、心通わせていく過程にあって、「ユーモア」は非常に大きな役割を果たします。評論家・エッセイストの外山《とやま》滋比古《しげひこ》氏は、『日本大百科全書』を引用して、「自分と他者を同じ高さに置き、しかも相手に思いやりをかけて笑うとき」に真のユーモアが生まれてくるとしています（『ユーモアのレッスン』中央公論新社）。このようにユーモアには、よりよい人間関係を築くための要素が含まれているのです。

また、ユーモアとは客観的に物事を見るところから生まれるともいえます。過去のひどい失敗が、今は笑い話になっているという経験はありませんか。そのことを思い出すだけで恥ずかしくなったり、悲しくなっていた気持ちが、時間とともに和《やわ》らいでいき、「そんなことで悩んでいたんだな」と客観的に思えるようになって、ついには笑い飛ばすことさえできるようになる。つまり、失敗にはユーモアが生まれるチャンスがあるのです。

ですから私は、いつまでも失敗をクヨクヨせずに、「この経験をいつユーモアにできるかな」と思いながら見ていくように心がけてきました。そうやって失敗をたくさんの笑い話に変えて、ジャズライブを開催する際のトークのネタとしてもっていくのです。

ジャズのスタンダードのなかに“Everything happens to me”という曲があります。一言でいうと、「ついてない自分」の歌、といったところでしょうか。何かをやろうとするとすぐ邪魔が入ったりするのです。ゴルフのデートをしようとすると雨が降る、ホームパーティーをしようとすると上の階に住む人がうるさい、と文句を言う。好きな相手とうまくいくと思っていたら振られてしまい、ラブレターを書いたら、さよなら、という手紙が届き、しかも郵便料金不足で支払う羽目に……。こんな歌詞ですが、こうしたついてない不幸を客観的にユーモアを含んで歌いながら、不幸や災難を笑い話にできたらそれを乗り越えられたということだなあ、と思っています。命に関わらない失敗はユーモアに変えられたらいいですね。

つらかったこと、苦しかったことをユーモアに変える力――。これは、私の密《ひそ》かなスキルであり、才能だと思っています。

第三章

幸福な歳の重ね方

人生の最終章こそ、幸せに

「素敵な大人」になるために

素敵な大人とは――。そういわれて、私が真っ先に思い浮かぶのは、ジャズピアニストの秋吉敏子《あきよしとしこ》さんです。一九五六年に二十六歳で単身渡米し、ビッグバンドのリーダーとして画期的な成功を収めた方です。私がお会いした二〇一二年当時、八十歳を超えていましたが、ジーンズ姿で日本とアメリカを往復する日々を送っていらっしゃいました。文句なしにかっこよくて、素敵な大人です。

何がかっこいいかというと、秋吉さんから伝わってくる「現役感」です。たいていの人は、歳をとると世間の「お目付役《めつけやく》」「ご意見番」のようになり、外からああでもない、こうでもないと批評する評論家になりがちです。それに対して彼女は、一切引くことなく、現役として自分が勝負している。九十歳を超えてなお、ひとりのミュージシャンとして現場に身を置き、活躍しています。

「現役感」という点では、仕事で活躍している人だけでなく、社会参加している人もそうだといえます。当事者意識と言い換えることができるかもしれませんが、自分も社会を構成する一員だという意識をもって、社会のために何ができるかを考え、行動する。たとえ地道でささいなことであったとしても、社会を良くするために貢献したいという純粋な気持ちで自分のできることをしている人は、いくつになっても魅力的です。

ですから、「そろそろ、私もいい歳だから」などと、自ら引退宣言しないほうがいい。「若くないといけない」とか「年寄りは早く退《しりぞ》いてほしい」などという声に負けないで、現役であり続けてほしいと思います。それは権力を行使するために、自分の地位や立場にしがみつくということではありません。後進に道を譲《ゆず》る世代になったとしても、豊富な人生経験や幅広い人脈、培《つちか》ってきた技術や知恵を活かして自分ができることをする。会社や社会に貢献しようという志をもち続けることです。

若いときは、それだけで輝いてきれいに見えるかもしれません。それが、歳を重ねるにつれて、見た目はもちろんのこと、健康でいることや心をきれいに保つというのが難しくなっていきます。どうしてもシワやシミ、肉体的な衰《おとろ》えが出てきますし、家庭や職場での責任や将来への不安で心が暗くなったり、深刻な悩みを抱え、頭がいっぱいになっていることもあるでしょう。けれど、現役で挑戦し続ける人は、人間的魅力から発せられる輝きで、そういった負の部分が見えなくなってしまうように思います。そして、それこそが、若い世代には出せない、大人の魅力ではないでしょうか。

「苦手なこと」が眠った力を引き出す

私は毎年一つずつ、新しいことを始めるように心がけています。とくに、自分ができないことや苦手な分野に挑戦します。

歳を重ねるにつれて、たいていの人は守りの姿勢になっていきます。若さやお金、立場といった、今自分がもっているものに固執し、自己保身に走ってしまう。そこまでいかなかったとしても、自然のうちに、得意なことや自分ができる範囲のことばかりをやろうとしがちです。

「苦手なこと」「できないこと」とは、自分の脳や体のなかにある、それをやるために必要な部分が未開発の状態にあるということです。つまり、それらに挑戦することで、自分のなかに眠っている部分が開発されていくのです。

冷蔵庫にたとえてみましょう。冷蔵庫が「自分」で、なかに入っているさまざまな食材が自分のもっている「能力」とします。料理を作るためには、まず冷蔵庫を開けてどんなものが入っているかを見ます。食材の種類、組み合わせによって、いろいろな料理を作ることができますから。でも実は、多くの人が、この作業をしていないのです。そして自分のなかにどんな能力があるかを知らずに一生を過ごしてしまう場合もあります。これほど、もったいないことはありません。

では、どうしたら自分に秘められた能力を知ることができるのでしょうか。それは先述しましたが、できないこと、苦手なことに挑戦することです。その作業を通して、未開発の能力を引き出すことができるのです。ぜひとも、冷蔵庫をちゃんと開けて、自分が何をもっているか、どれくらい使えるかをしっかりと見てほしいと思います。

苦手なことに挑戦する過程では、思うように上達しない、なかなか前に進んでいかないといった場面に必ず遭遇《そうぐう》します。実はこれが大事です。歳をとるとだんだん横柄《おうへい》になるといわれますが、それはできることばかりをやっているからです。できない人から「すごい」ともてはやされたり、常にものを教える立場にいる。その結果、謙虚《けんきょ》さが失われ、傲慢《ごうまん》になってしまいます。

苦手なことに取り組み、一生懸命やってもできないという経験を普段からしていると、自分が大学で教える際に学生が言ったとおりにできなかったとしても、その学生に共感することができます。また、新しいことを始めるときには、手助けしてくれる人の存在が不可欠ですから、自分がどんなにまわりに支えられているかを身をもって感じ、感謝の心も生まれてくるでしょう。

漫然《まんぜん》とときを過ごすだけでは、素敵な大人にはなれません。努力しなければ心も体も衰《おとろ》えていきますし、生きる姿勢がときを経るにしたがって、人格として表れ、人間的な魅力となって輝いていくのです。

人生の「旬」は今

社会・国際情勢が激動するなかで、老後への不安が高まっています。そんな暗いご時世にあって、見ている人に希望を与えるような生き方をしている人がいます。本章冒頭で紹介した秋吉さんもそのおひとりですが、そのような人に共通しているのが、自分が取り組んでいることに情熱を燃やしているという点です。

一方で定年退職後、とたんに自信を失って元気をなくす男性が少なくないように思います。すべての時間を仕事に費《つい》やしてきた彼らが、突然、手にした自由な時間をもてあまし、何をしていいかと戸惑《とまど》ってしまうということも、原因の一つではないでしょうか。

長い人生、これからが本番です。そんな方には、自分が進歩していくことが楽しみになるようなこと、自分なりの目標をもってそれに向かって努力する何かをみつけることをお勧めします。勇気を出して一歩踏み出し、自分なりの何かを探してみてください。歳をとってもなお、自分を成長させ、磨き上げるものがある。これはとても幸せなことですし、そんな姿を子どもたち、孫たちはしっかりと見ているはずです。

何かを始めるのに、遅いということは決してありません。「旬《しゅん》」という言葉には、「物事を行うのに最も適した時期」という意味があります。十代には十代でしかできないことがあるように、六十代にも六十代でしかできないことがあります。今、この年代だからこそできること、いえスタートできることを見つけてみませんか。

また、年齢はもちろんですが、人生にはさまざまな季節があります。物事がうまくいかない、経済状況が悪い、ときには健康を損《そこ》なうこともあるでしょう。しかし、人生に無駄なときや無駄なものはありません。そのときにはそのときにしかできないことが、きっとあるはずです。今を大切にし、自分にとって何が旬なのかを、日々の生活のなかで考えてみてはどうでしょうか。

美しく老いる

「いつまでも美しくありたい」というのは、多くの女性が抱く願望です。ところが、老いに直面すると、美しさを失うことを恐れて、ジタバタする人が少なくありません。

日本社会には、「女性は若いほうがいい」という考え方が根強く残っています。男性は、歳をとると貫禄《かんろく》がつき、社会的地位も上がっていきますが、女性はなかなかそういうわけにはいかない。そのため、男性よりも女性のほうが、歳をとることに対して喪失感を覚えやすいのです。

とはいえ、老いとは万人に訪れるもの。歳をとることを嫌がっても、しようがありません。それよりも、老いを「当然のこと」として受け止めたうえで、どうやって乗り越えようかと考えたほうがいい。そのためには、年齢とともに増えていくものに焦点を当て、それを磨いていくのが一番です。

では、年齢とともに増えていくものとは何でしょうか。たとえば、知識や知恵、経験もその一部です。

「生涯学習」という言葉がありますが、若いうちよりも歳をとってからのほうが、ある意味では勉強に適しています。若いうちは異性やお洒落《しゃれ》など、勉強以外のことに気をとられがちですが、歳をとると逆に勉強に集中できるようになります。自分の知識や知恵を磨くためにも、まずは生活のなかに勉強を取り入れてみてはいかがでしょうか。

やはり、「四十歳を過ぎると内面が顔に出る」というのは本当で、何かを勉強している人というのは、顔がちがいます。講演会でも、一生懸命に話を聞きながら何かを考えている人は、客席を見ているとよくわかります。そういう人は目に輝きがあり、明らかに他の人とは顔つきがちがうのです。

以前、テレビで柔道の試合を見ていたときのこと。こわい顔つきをした選手が、勝った瞬間、ものすごくきれいに見えたのです。やはり、何かに熱中している人は、美しく輝いて見えます。顔のシミやシワを消そうと頑張るよりも、シワなど吹き飛ばしてしまうような魅力を磨いたほうがいい。その人が本当に魅力的なら、シワなど気にならなくなるものです。自分の魅力を磨くためにも、何か夢中になれることを見つけて、しっかり取り組んだほうがいいと思います。

ただし気をつけたいのは、「熱中する対象を、自分の外側に求めない」こと。ギャンブルや買い物依存で心を満たすのではなく、自分の内側に磨きをかけていく。それでも、老いにともなう喪失感から全く解放されるわけではありませんが、「自分は少しずつ進歩している」と感じられる喜びは、それにもまして素晴らしいものです。

私は二〇〇八年から二年間、アメリカで、今までとはちがう分野の研究に取り組みました。この分野での英語の論文に取り組み始めたときは、ヒーヒー言いながらようやく書き上げたのですが、二回目以降は、そんなに苦しまずに書けるようになりました。こんなに努力して研究を続けても、お金が儲《もう》かるわけでも、誰かが評価してくれるわけでもありません。それでも、「自分が少しずつ進歩している」という感覚は、自分のなかに喜びとプライドを与えてくれます。「これまでの歳月を無駄にせず、充実した人生を送ってきた」というプライドがあれば、どんなにつらいときでも、自分のなかに「私はきちんと生きてきた」という証《あかし》をもつことができます。老いとともに輝きを放つ美しさとは、そういうものではないでしょうか。自分がもっている材料を無駄にせず、最後まで使い切り、磨きをかけていく。それは、年齢を重ねることによって、初めて可能になるのです。人の悪口を言ったり、うわさ話に興《きょう》じている暇《ひま》があったら、自分のもつさまざまな能力に磨きをかけたほうがいい。それが、老いと向き合い、楽しく生きるためのヒントではないかと思います。

「若く見られる」ことよりも「自分を活かす」こと

では、自分の内面さえ磨けば、外見はどうでもいいのでしょうか。そうではありません。人の目を気にする必要はありませんが、自分が快適でいられるように外見を整えることは、とても大切なことです。

髪型にせよ化粧にせよ、今の自分に合ったスタイルをもつ人には、若い人には到底真似できないようなかっこよさがあります。「もう歳だからダメ」とあきらめるのではなく、その年齢でなければ着こなせないものを着て、今だからできる髪型にしてみる。そうすると、自分でも思いがけないほど、個性的な魅力が生まれます。

よく、「若いころと同じ洋服が着られるの」と自慢する人がいますが、それはばかげています。いくら同じサイズの服を着ることができても、昔の服は、今の自分の雰囲気《ふんいき》とは合いません。昔の服が似合わないのは、自分が成長した証。外見には内面が反映されるのですから、内面が変われば、当然、外見も変わるのです。

ですから、「若いときと同じ洋服でも大丈夫」というのは、絶対におかしい。年齢を重ねたら重ねたなりに、今の自分を表現するのに一番ピッタリの服や化粧を選べばいい。それが、今の自分を一番美しく見せてくれるのです。

ところが、多くの女性は、「今の自分を活かす」よりも、「若く見られる」ことを求めがちです。先にも述べましたが、私は「若さ」とは、一種の「現役感」だと思います。歳をとっても「評論家」になることなく、常に現役の人間として社会に参加する。自分がいかに社会に貢献できるかを考えながら、世の中としっかり関わっていく。そんな大人の女性こそが、一番素敵だと思うのです。

老いを受け容れて新たな自分を創っていく

私自身は、年齢を重ねるごとに、どんどん自由になってきたような気がします。まず、「男だから、女だから」という意識から自由になり、「人からどう思われるか」を気にしなくなりました。人からあれこれ言われることを恐れなくなり、「医者だからこうしなくてはいけない」という職業による心理的束縛からも自由になりました。

年齢に対する思い込みという点で、化粧も同じです。歳をとってからファンデーションを厚塗りすると、それがシワのなかに入り込み、ひび割れができてしまいます。それだけはみっともないからやめようと思い、普段から薄化粧を心がけているのですが、ニュース番組でコメンテーターをする機会があり、ハタと考え込みました。今はテレビの映像技術が発達したので、シミやシワを化粧で隠そうとしても限界がある。いろいろ考えた末に、普段の化粧で出演したのですが、番組を見た方から、「ナチュラルでしたよ」と言ってもらえました。無理にシワやシミを隠そうとしないほうが、かえっていいのかもしれません。年齢に対する思い込みから自由になったほうが、気楽に生きられるような気がします。

では、年齢とともに自由に生きるためには、どうしたらいいのでしょうか。それにはまず、「歳をとって嫌だな、悲しいな」という思いを否定しないことです。その思いをしっかりと嚙みしめれば、「何かしなければ」「自分に磨きをかけよう」という気持ちが生まれます。そこから新たにスタートすればいいのです。

老いを否定したままでは、いつまでも最初の一歩が踏み出せない。老いを受け容れたうえで、新しい自分を創っていくことが大切なのです。

健康、介護、幸福な老後を考える

「サクセスフル・エイジング（successful aging）」という言葉があります。これは、「老いを受け容れて、健康で幸福な老後を送る」ということです。

一般に、歳をとると記憶力が失われ、脳のはたらきが衰えるといわれています。しかし、語彙《ごい》を豊かにし、物事を論理的に考える訓練を続けていると、思考能力は衰えるどころか逆に向上する、という研究成果もあります。歳をとったからといって、「もうダメだ」とあきらめる必要はない。自分自身に磨きをかけ続けていけば、きっと素敵な生き方ができると思うのです。

では、どうすれば年齢を重ねても、脳を活性化させて生き生きと暮らすことができるのでしょうか。

たとえば、テレビでニュースやワイドショーを見ているとき、コメンテーターの意見を鵜呑《うの》みにせず、自分なりに事件や報道内容について考えてみる。そうやって自分の頭で考える習慣をつけると、感情に振り回されず、論理的にものを考えることができるようになります。

今、テレビではニュースをわかりやすく解説する番組が大人気です。また、本屋に行けば、「一日でわかる○○」式の解説本があふれています。しかし、他人の意見を鵜呑みにして答えがわかったような気になっていると、思考能力はどんどん衰えていきます。脳を退化させたくなければ、原著より先に解説本を読むことはやめたほうがいい。それは、「アンチョコ」を見てから数学の問題を解くようなものです。

大切なのは、「まず自分の頭で考える」習慣をつけ、鍛錬《たんれん》を重ねていくこと。仮に四十歳でスタートすれば、六十歳になったときには、思考能力は相当鍛えられていることでしょう。ぜひ今日から、自分で考える練習を始めてください。

自分で考える習慣をつけるもう一つのメリットは、「感情をコントロールできるようになる」ということです。人間関係での失敗は、多くの場合、「事実と想像を混同してしまう」ところからきています。

「あの人は私の陰口を言っている」「きっと私のことが嫌いなんだ」と、あれこれ想像を膨《ふく》らませ、何の根拠もない妄想を事実と信じ込んで怒りや恨みをかきたててしまう。物事を論理的に考える訓練ができていないために、キレてしまうのです。

そんなとき、「ちょっと待って。私のことが嫌いだという根拠はどこにある？」と考える思考回路があれば、妄想の暴走を食い止め、感情をコントロールすることができます。つまり、自分の頭で考える習慣をつければ、人間関係を改善することもできるのです。

「サクセスフル・エイジング」を実現するもう一つのポイントは、「いろいろな役割をもつ」ということです。

世間では、「過労死」が長年にわたり問題になってきました。過労死の原因は、一般に「長時間労働」と考えられていますが、私はそれだけではないと思います。

たとえば、乳幼児を抱えてフルタイムで働いている女性の総労働時間は想像を超えるものがありますが、そんなななかでも工夫しながら生き生きと活躍している人もいます。では、なぜ追いつめられてしまうのでしょうか。その理由は、一つの仕事や役割に没頭《ぼっとう》し過ぎて、物事を客観的に見ることができなくなり、心身が壊れてしまうためではないかと思うのです。

私は若いころから、いろいろな仕事をしてきました。学会での研究発表を控えて煮詰まっているときでも、雑誌の連載の執筆など、ほかの用事をしなければなりません。すると不思議なもので、どんなに煮詰まっていても、「そんなにカリカリしなくてもいいじゃない」と思えてきます。いろいろな役割を同時に行うことで、別の視点が生まれ、物事を客観的に見られるようになるのでしょう。一つのことで思いつめるということがなくなり、苦しくてもなんとか乗り切れるようになります。実際、いろいろな役割を兼ねることが、過労死を防ぐコツだという研究成果もあるのです。

私の若いころは、複数のことを同時にやると、「器用貧乏」「何をやっても中途半端」と批判されたものです。でも、当時の私は一つのことでカリカリするのはかっこ悪いと思い、勉強一筋の同級生を横目に、あえて歌を歌ったりするなど「不良少女」をやっていました。しかし、大学を出て医師になってからは、あれこれすると陰口を言われるので医師のことだけして、その結果、一時体調を崩《くず》しました。以後は、またいろいろなことに挑戦するようになり、自分なりの生活スタイルを築くことができたのです。おかげさまで、最近はいろいろな仕事をしても周囲から文句を言われることも少なくなりました。きっと、「今さら何を言っても無駄だ」と思い、まわりの人もあきらめきっているのでしょう（笑）。それもまた、歳をとるメリットの一つかもしれません。

最期の瞬間まで尊厳をもって

老いと向き合ううえで、避けては通れないのが介護の問題です。

よく「介護を通じて家族の絆が強まった」という話を聞きますが、思い通りにならない相手を介護する大変さは、経験した人でなければわかりません。ですが、親や配偶者の介護を自分がすべて背負いこむ必要はない。一番よくないのは、ある種の社会通念に縛《しば》られて、「親や配偶者の面倒をみられない人は悪い人」と思い込むことです。自分にできる範囲で介護をし、医師や看護師、介護士などの力を借りながら、社会のなかで介護していく方向に、発想を切り替えるべきだと思うのです。

親を介護施設に入れて自分が息抜きすることに、罪悪感をもつ必要などありません。休みをとることは「心身を手入れする」ことだと考えましょう。心と体を手入れしなければ、介護という重労働を続けられるはずもないのですから。斧《おの》の手入れをしないと、木が伐《き》れなくなるのと同じで、心と体を定期的に手入れしないと、ゴミや垢《あか》がたまって錆《さ》びついてしまい、どんなに頑張っても結果はついてきません。介護施設や介護保険サービスなどを賢《かしこ》く利用し、ときには息抜きをしながら、社会のなかで介護していくことが大切です。

では逆に、自分が介護される立場になったとしたら、どうでしょうか。意識がしっかりした人であればあるほど、介護されることに抵抗感や罪悪感を覚えがちです。他人の世話にならなければ、身動きもままならない。そんな状態で、どうしたら幸福感をもって生きられるのか、と疑問に思う方も多いことでしょう。

しかし、どんな状況に直面しても、人間にはできることがあります。精神科医のヴィクトール・E・フランクル博士は、著書『それでも人生にイエスと言う』(春秋社)のなかで、ある男性との出会いについて書いています。その男性は有能な広告デザイナーで、脊髄腫瘍《せきずいしゅよう》を患って入院しました。彼はその状況を前向きに捉え、猛然《もうぜん》と本を読み始めましたが、病状が進行して本を読むことも、音楽を聴くこともできなくなりました。死期を悟《さと》った彼は、午後の回診に訪れたフランクル博士にこのようなことを言います。「今のうちにモルヒネの注射を済ませておいてください。私はたぶん、今夜死ぬでしょう。夜中に(モルヒネ注射のために)あなたの安眠を妨《さまた》げたくありませんから」と。

最期の瞬間まで、周囲の人を気遣う彼のふるまいを見て、博士は大変感動し、「人間らしい無比《むひ》の業績」と書いています。

人間、寝たきりになっても、介護してくれる人に「ありがとう」と言うことはできます。その言葉を聞いて、介護する側の人たちはどんなにか救われることでしょう。たとえ、どんな状況にあっても、死ぬ瞬間まで、今自分にできることを探しながら人間の尊厳《そんげん》を保って生き続ける。それが、「サクセスフル・エイジング」の秘訣なのかもしれません。

凛とした最期に向けて

年齢を重ねていくと、身近な人の死に直面する機会も増えてきます。家族や親しい友人を喪《うしな》うというのは大変つらい経験で、その打撃から立ち直るのは容易ではありません。愛する人の死を受け容れ、新たな一歩を踏み出していくためには、どうすればいいのでしょうか。

それには、「死とは悲しいものだ」という事実をまず認めることが大切です。どんな死であろうと、「死んで良かった」ということはありません。故人がどんなに高齢で安らかな死を迎えようと、親しい人と二度と会えなくなるのは、とても寂しく、またつらいことです。

そのつらさを克服するためには、「私は悲しい」という感情を受け容れることが前提になります。大切な人を亡くしたのですから、落ち込むのは当たり前。箇単に乗り越える方法はないのだと思っていたほうがいい。涙が涸《か》れるまで思い切り泣いて、そこからがスタートです。

メンタルヘルスの世界では、「喪《も》の仕事（グリーフワーク grief work）」という言葉があります。これは、大切な人の死に直面して喪に服《ふく》し、哀《かな》しみを受け容れていく過程を意味しています。

イギリスの精神分析学者ジョン・ボウルビィによれば、「喪の仕事」は四段階に分けられます。

第一段階では、愛する人の死を受け容れられず、無感覚の状態に陥ります。ここでは、死別という現実をきちんと受け止めることが必要になります。

第二段階では、死を実感として受け止められるようになり、深い悲しみが襲ってきます。しかし、このプロセスを経ることなしに、悲しみを乗り越えることはできません。

第三段階では、絶望や失意に苦しめられながらも、愛する人のいない生活に少しずつ慣れていきます。

そして、第四段階では、故人のことを穏《おだ》やかな気持ちで思い出せるようになり、ようやく立ち直りのプロセスが始まるのです。

愛する人を喪ったあとで

とはいうものの、人の死は千差万別《せんさばんべつ》で、誰もが穏やかに天寿《てんじゅ》を全うできるとはかぎりません。思いがけない事故や災害、病気などが原因で、若くして死を迎える人もいます。愛する人の死が悲惨《ひさん》であればあるほど、その死を乗り越えるのは難しい。悲しい最期の姿が目に焼きついて、どうしても気持ちがそこに向かいがちです。

そんなときは、あえて故人が元気だったころのことを思い出すようにしてください。その方は、最期は不本意な死を迎えたかもしれませんが、楽しく幸せに暮らしていた時期もあったはずです。その姿を思い出し、悲しい記憶を幸せな記憶に置き換えていく。これも、愛する人の死を克服するために有効な方法の一つといえます。

もう一つお勧めしたいのが、「表現すること」です。たとえば、亡くなった方に手紙を書き、自分の故人に対する気持ちを言葉で表現してみる。また、音楽や絵、踊りなどで感情を表現することも、喪失感を癒《いや》す効果があります。

さらに、社会のなかで一定の役割を果たしていくことも、心のリハビリになります。仕事やボランティアに熱中することは、悲嘆《ひたん》にくれる時間を減らすことにつながります。大切なのは、一時的にせよ「悲しみを忘れられる時間を作る」ということです。一日のうち数時間でいいから、仕事や趣味、社会的な活動に没頭し、「悲しみは立ち入り禁止」という時間を作る。すると、生活のなかにメリハリが生まれ、希望が生まれやすくなります。

とはいえ、悲しみを癒すうえで一番助けとなるのは、やはり人との関わりではないでしょうか。一人で悲しみと向き合う時間も大切ですが、つらいときは、家族や親しい友人が支えになります。その意味でも、日頃から互いに支え合える人間関係を作っておくことが大切なのです。

心と体をきれいにして旅立つ

ここまで、身近な人と死別したときのことについて、お話ししてきました。では、自分自身の死に対しては、どのような姿勢で臨《のぞ》めばいいのでしょうか。

一般に死を迎える準備とは、遺言を書いたり、身の回りの物を整理したりすることだと思われています。しかし本当に大切なのは、物の整理よりも「心と体の整理をすること」だと私は思います。

この世に生を受けた赤ちゃんは、汚れのない、真っさらな状態で生まれてきます。ところが、成長するにつれて人はさまざまな感情を抱くようになり、ときには邪悪《じゃあく》な考えをもつことさえあります。真っ白だった心が多くの色に染まり、互いに混じり合って灰色になっていく。それなら、せめて死ぬときには心を真っさらの状態にして、きれいな心で天に還《かえ》っていきたい。それが、素敵な生き方ではないかと思うのです。

台所仕事をすると生ゴミが出ますが、寝る前にはキッチンをきれいに片づけますよね。また、ホテルや旅館に泊まったときも、チェックアウトする前に部屋を簡単に片づける人が多いのではないでしょうか。

人生もそれと同じです。心と体を酷使《こくし》していると、どうしても汚れがたまってきます。本当は死ぬ前に汚れをとっておきたいけれど、ときとして、私たちは遺産の配分でもめたり、人を恨んだりしながら死んでいきます。ドロドロのキッチンを後に残して死んでいくわけです。

これでは、とても素敵な死に方とはいえません。「立つ鳥跡《あと》を濁《にご》さず」で、あの世に旅立つ前に心と体をきれいにしておけば、天国で「私は精いっぱい、生きてきました」と胸を張って言える。そのためには、一日一日、嫌な気分をためないような工夫をし、体が喜ぶことをすることです。

私は、仕事でとても疲れたときは、体の手入れをするようにしています。たとえば、足の裏を少し指で押してマッサージするだけで、体が喜んでいるのがわかります。すると、「よーし、またやってやろう」という気分になり、元気が湧いてくるのです。そして、いざそのときが訪れたら、「一緒によく頑張ってきたよね」と言いながら自分の心と体をねぎらって死にたい。そういう死に方ができれば本望《ほんもう》だと思います。

私の好きな格言に、「少《しょう》にして学べば、則《すなわ》ち壮《そう》にして為《な》すことあり。壮にして学べば、則ち老いて衰えず。老いて学べば、則ち死して朽《く》ちず」（佐藤一斎《いっさい》）という言葉があります。歳をとっても学ぶことをやめず、思考を深めていく人は、死んだ後も朽ちることなく、人々の心のなかで生き続けます。その生き方が人の心を打ち、「自分もしっかり生きなければ」という気持ちにさせてくれるからです。

後に続く若い人たちを育てるためにも、私は死ぬまで向上心を忘れず、美しく生きていきたい。そして、「凛《りん》とした最期」を迎えたいと思うのです。

第四章

幸福力　実践編

誰でもできる幸せへのワンステップ

「リラックス」の作法

ここからは「実践編」として、「幸せを生み出す心と体」になるために、誰にでもすぐに実践できる具体的な方法を紹介していきます。

「ストレス社会」といわれて久しい昨今ですが、ストレスや疲労がたまっていることに気づかないでいると、緊張状態が長引いて、ストレス性の疾患を引き起こすことがあります。場合によっては、がんなどの重大疾患を引き起こす危険もあるので、注意が必要です。毎日を生き生きと幸せに暮らすためにも、小まめにストレスを解消し、リラックスする方法を知っておきたいものです。

皆さんは「自分は緊張している」ということを、どのくらい自覚していますか。

初めての人と会うときや試験の前、大事な商談を控えているときなど、人はさまざまな場面で緊張を感じます。そんなときは、「これを上手くこなさなくちゃ」と意識が外に向かうため、「自分は緊張している」という自覚が失われがちです。その結果、思わぬ失敗をしてしまうことも珍しくありません。では、過度の緊張から解放されるためには、どうしたらいいのでしょうか。

以前、ボストン大学の「トラウマセンター」に勤めているヨガのインストラクターから、「意識が外に向いているときは、『自分の足の裏がどこにあるか』を意識するといい」と伺《うかが》ったことがあります。足の裏を意識するだけで、意識を自分の外から内に向けることができる。これは、緊張して舞い上がったときに、自分を取り戻すための簡単な方法です。

もう一つの方法は、「声を出す」ことです。緊張すると声がうわずってしまいますが、これは首や肩、背中に力が入り、肺に十分な空気が入らないために起こります。緊張しているな、と思ったら、秒針をチェックしながら「アー」と声を出してみてください。それで二〇秒間、声が続かないようなら、かなり緊張している証拠です。

また、深呼吸して「呼吸を整える」ことも有効な方法です。ただし、それにはちょっとしたコツがあります。「深呼吸してください」と言うと、まず息を吸おうとする人が多いのですが、緊張していると、首や背中に力が入って肺になかなか息が入りません。そんなときは、まず「息を吐く」ことから始めましょう。肺から空気がなくなるぐらい深く息を吐くと、空《から》っぽになった肺にスーッと息が流れ込んでいきます。これが、正しい深呼吸のやり方です。

今日は緊張しそうだなと思ったら、これらの方法で自分の緊張の度合いをチェックしましょう。「チェックしよう」と思うだけで、客観的なものの見方ができるようになり、自分を取り戻すことができます。これが、緊張を解いてリラックスするためのスタートラインです。

「ストレッチ」で美人度アップ

特別に緊張する場面がなかったとしても、実は日々の生活のなかでたまっていく慢性疲労やストレスの量は、相当なものです。これらを解消するためには、生活習慣にリラックス法を取り入れる必要があります。

ここで注意したいのは、「心をリラックスさせよう」とどんなに頑張っても、体が緊張しているかぎり、ストレスは解消されないということです。ところが、不思議なことに、強張《こわば》った体をほぐしていくと心も自然にゆるんでいきます。そこでお勧めしたいのが、体の緊張を取り除くためのストレッチです。

疲れたなと思ったときは、肩を回したり、両腕を上げて、ゴム紐をキュッと伸ばしたりしてみましょう。誰かに腕を引っ張ってもらってもいいですし、壁に片手をつけて背中や脇腹をピンと伸ばすのも効果的です。机に向かうことの多い私にとって、今や、ストレッチは大切な日課の一つ。体を伸ばさないと肩や目が痛くなるので、ストレッチのない生活など考えられません。朝は五分でもストレッチを欠かさず、夜は仕事が終わると、バランスボールとストレッチボール、ヨガマットの「三種の神器《じんぎ》」を出してストレッチをします。また、ジムでトレーナーの指導を受けながら、入念にストレッチをすることもあります。

上半身のストレッチをすると、肩甲骨《けんこうこつ》の周囲の筋肉が伸びて、息を深く吸えるようになります。呼吸が深くなってリラックスできるうえに、体内に大量の酸素が入るので、血液の循環《じゅんかん》も改善します。顔色も自然によくなって美人度がアップしますから、まさに「いいことずくめ」です。

こうして全身の緊張がほぐれると、心にも良い影響が表れます。なぜなら、心と体は、交感神経と副交感神経からなる自律神経系によって、密接に結びついているからです。

交感神経とは、動物が敵に出合い、「臨戦態勢《りんせんたいせい》」に入ったときに働く神経です。交感神経が刺激されるとアドレナリンが分泌され、血管が収縮して全身の筋肉が緊張します。こうした緊張が長く続くと、感情が不安定になって、ストレスを感じるようになります。

これに対して、心身をリラックスさせ、回復させるはたらきがあるのが、副交感神経です。副交感神経が優位になると、血管が拡張して筋肉の緊張がゆるみます。逆にいえば、筋肉をゆるめてやることによって、副交感神経のはたらきを活発にし、ストレス解消につなげることができるのです。家でゴロゴロしているときに「緊張しろ」と言われても、なかなかできないものですよね。体が楽な状態にあると、副交感神経が働いて、心もリラックスしてしまうためです。

よく、「リラックスしなくちゃ」と必死で頑張っている人がいますが、焦《あせ》ればに焦るほど、逆に交感神経を刺激してストレスをためてしまいます。それよりも、深呼吸やストレッチをして、まずは筋肉をゆるめることから始めましょう。それが、一番楽で簡単なリラックスの方法かもしれません。

お酒を飲んでもストレスは解消されない

私は、ストレッチ以外にもリラックスするためにさまざまな工夫をしています。

とくに心がけているのが、「できるだけ歩くこと」。といっても、外を歩き回る時間はあまりとれないのですが、意外に効果があるのが「家事労働」です。家事をしていると、気がついたときには、かなりの距離を歩いているものです。家事をしながら体を意識的に動かして、軽い運動の代わりにするもよし。野菜を包丁で刻みながら、思索や瞑想《めいそう》にふけるもよし。家事の時間も工夫次第で、貴重なリラックスタイムとして活用することができるのです。

また、大好きな料理や水泳の時間、ネコと遊んでいる時間も、私にとっては大切なリラックスのひとときです。最近は「足浴《そくよく》」にハマっていて、寝る前に足を温め、足の裏をマッサージするようにしています。これも体全体が温まって、ぐっすり眠れるのでお勧めです。

注意してほしいのが、リラックスしたいからといってお酒を飲む人がいますが、あれはお勧めできません。アルコールには、脳を麻痺《まひ》させて思考回路をブロックするはたらきがあります。たしかに、お酒に酔《よ》うと一時的に気持ちよくなるのでストレス解消に効果ありと思われがちですが、あれは酩酊《めいてい》状態で我を失っているだけ。けっしてリラックスしているわけではないのです。飲酒は睡眠の質を下げることはあっても、疲労回復の効果はありません。しかも、お酒を飲めば飲むほど、飲酒量は増える一方。「大量に飲まないとリラックスできない体」になってしまうので、注意が必要です。

やはり、外からの強い刺激でストレス解消を図るよりも、自分の体を動かすことで内なるパワーを呼び覚ましたほうがいい。体の状態が整えば、心の状態も自然に整ってくるものです。内なる生命の力を活性化する意味でも、ぜひ、自分の体に合ったリラックス法を実践していただきたいものです。

自分に合った休息ルールを

私がさまざまなリラックス法を試すようになったのは、大学病院に勤めていた二十代のころです。多忙を極める医局での毎日は、「休息するな」というのが基本。研修医時代は、三日連続で医局に泊まり込むことも珍しくありませんでした。「こんな生活を続けていたら、四十歳ぐらいで死んじゃうな」と感じていたので、少しでも時間があると、マッサージやエステに行って体を手入れしていました。そんなわけで、リラックス法については、もともと関心が高かったのです。

そうやっていろいろな方法を探求するうちに、「香り」の効果に関心をいだくようになりました。医療分野で使われている「メディカル・アロマテラピー」を勉強しようと思い立ち、フランスに行ったのは、三〇年ほど前のことです。アロマテラピーとは植物から抽出《ちゅうしゅつ》した精油《せいゆ》を使う芳香《ほうこう》療法で、なかでもフランスのメディカル・アロマテラピーは、医師の処方箋《しょほうせん》にもとづいた本格的なものです。それだけに効果も絶大で、疲れたときに精油の香りを嗅《か》ぐと、驚くほど元気になります。

なぜ、香りにはこれほどの効果があるのでしょうか。それは、鼻の粘膜にある嗅《きゅう》細胞が、自律神経系のコントロールセンターである大脳辺縁系に直接働きかけるからです。嗅細胞は神経細胞ですから、香りを嗅ぐと、その刺激によってすぐに副交感神経が作動し、心と体を癒してくれるのです。鼻から入った香りの刺激は、瞬時に大脳辺縁系に達してしまうので、その効果は目を見張るものがあります。どんなに頭が固いオジサマでも、上質の香りを嗅ぐと一瞬で表情が変わるのがわかります。

私は疲れているときは、パリの薬局で買ったラベンダーの精油をハンドバッグのなかに忍ばせています。ここで注意したいのは、天然の精油を使うこと。人工的に合成された香りは化学物質の塊《かたまり》なので、お勧めできません。アロマテラピー・ショップに行って、天然もしくは無農薬栽培の植物を使ったものかどうかを、しっかり確認しましょう。「天然の植物を水蒸気蒸留《じょうりゅう》したものはありますか」と聞きながら探すとよいでしょう。

気に入った精油を見つけたら、ティッシュに一滴たらし、香りを楽しみましょう。これもフランスのメディカル・アロマテラピーの先生から聞いた方法です。わざわざアロマポットを買ってきて焚《た》かなくちゃと思わなくて大丈夫。ただし、お風呂に入れるのはお勧めできません。精油は湯のなかで油膜《ゆまく》を作り、高濃度のままプカプカと浮かびます。その状態で肌についてしまうと、刺激が強すぎるので注意が必要です。

ここまで、私が実践しているリラックス法をご紹介してきました。しかし、どんな方法も、ただ漫然と試しているだけでは、効果は上がりません。効果的にリラックスするためには、ちょっとしたコツが必要です。

その一つが、「自分の体のことをよく理解する」ことです。

私も若いころは風邪ばかりひいていましたが、当時と比べると、年々、元気になっているような気がします。年齢相応の体力の衰えはあるにしても、自分の体の強みと弱みがだんだんとわかってきたからでしょう。「自分は何をすると疲れるのか」をよく理解して、弱点を補強していくことが大切だと思います。

たとえば、私は「今日は泳いだほうが絶対にいい」と思えば、どんなに仕事が忙しくても、なか抜けしてプールに出かけます。五分でメイクを落とし、一〇分間泳いだ後、五分で髪を乾《かわ》かし、メイクに二〇分かける。近所にプールがあれば、所要時間はわずか一時間で済みます。こうしてリフレッシュした後、再び仕事に戻るのです。

とはいえ、誰もがプールに行くべきだと言っているのではありません。私がプールに通うのは、家でじっとしているより、体を動かしたほうがリラックスできるからです。自分はどうすればリラックスできるのか。まずはそれを知ったうえで、自分自身に合った方法を見つけることが大切です。

休むことに罪悪感をもたない

もう一つのポイントは、「リラックスのための時間を積極的に作ること」です。多くの人は、一日のなかで「余った時間」をリラックスのために使おうとします。仕事や家事、子育てや介護など、必要なことを全部やり終えてからでないと、リラックスのための時間はもてないと思い込んでいるのです。

しかし、これでは、よほど暇な人でないかぎり、自分のための時間などもてるはずもありません。そこでお勧めしたいのが、「時間を天引きする」ことです。自分のなかでルールを決め、給料から貯金分を天引きするのと同じように、リラックスのために使う時間をあらかじめ確保しておくわけです。

「夜十時からの一時間はストレッチに充《あ》てよう」「週一回はプールで泳ごう」「一日一〇分ストレッチしよう」という具合に、「ここだけは自分の時間」と決め、すべてのことから解放される時間を作りましょう。そのためには、日単位・月単位・年単位で、リラックスのための時間をあらかじめプランニングしておくことが大切です。

とはいうものの、なかには、リラックスのための時間を作ることに罪悪感を覚える人もいます。「老親をデイサービスに預けて、自分だけ旅行に出かけるなんて、とてもできない」という人もいるでしょう。

なぜ、私たちは休息をとることに罪悪感をもつのでしょうか。それは、「休息＝怠慢《たいまん》」という思い込みに縛られているからです。そのことで、過去に人から非難されたことがあるのかもしれないし、こんなことをしたら人から非難されるかもしれない、と勝手に思い込んで、自分自身を縛っているのかもしれません。

もちろん、休むのも休まないのも、個人の選択です。ただし、一つだけ言えることは、どんな役割であろうと、休息をとらなければ、パフォーマンスを上げられないということです。もしアスリートが、毎日四〇キロ以上走っていたら、いずれは体を壊して走れなくなってしまうでしょう。仕事や介護、子育ても同じで、良いパフォーマンスをするためには、疲労回復のための休息時間が必要です。

休息をとらずに、毎日深夜まで働き続ければ、過労とストレスで病気になってしまうでしょう。それどころか、過度のストレスで心を病み、子どもや親を虐待《ぎゃくたい》してしまうケースもあります。今、流行のお掃除ロボットだって、充電しなければピクリとも働かない。機械でさえそうなのですから、人間にも充電時間は必要なのです。

もし、あなたが親の介護をしているのであれば、介護保険にある「デイサービス」や「訪問介護サービス」などを積極的に利用しましょう。また、あなたが子育て中ならば、自分でなくてもできることは、どんどん人の手を借りましょう。ミルクを飲ませることぐらいなら、家族や友人などに手伝ってもらうこともできるはずです。人に頼めることは頼み、一日のうち一時間でもいいので育児から解放される時間を作ってみてはどうでしょうか。

休息をとることは、自分のためであると同時に、家族や周囲のためでもあります。だからこそ、知恵を絞って時間を作ることが大切です。ただし、「どれくらいの休息が必要か」は個人差がありますから、他人のことは気にせず、自分の体と相談しながら、決めていくしかありません。自分なりの休息ルールを決め、そのことをまわりにも理解してもらう。そうやって、自らのライフスタイルを自分の責任において作っていくことが大切だと思います。

「食」で自分を取り戻す

「今晩、何を食べたいですか」

そう質問すると、大抵はこんな言葉が返ってきます。

「昨晩の煮物が残っているから、温めて食べようと思います」

「近所のスーパーで安売りしていたイカを使って料理するつもりです」

でも、ちょっと待ってください。これは、「今、食べたいもの」ではありませんよね。このように、多くの人は本能ではなく経済論理によって、今晩のおかずを決めているのが実情です。

「今、自分が何を食べたいと思っているかがわかる」ということは、皆さんが考えている以上に重要なことです。なぜなら、「食」は心の問題と密接に結びついているからです。

たとえば、人はうつ病になると、スーパーに行っても、何を買っていいかわからなくなります。二時間ぐらい店内をうろうろした挙句《あげく》、何も買わずに帰ってくることも珍しくありません。

心のバランスが崩れると、食欲がなくなり、何を食べても美味しいと感じられなくなります。ときには、過食や拒食に走り、摂食障害《せっしょく》を引き起こすこともあります。食生活の乱れは、心身のバランスが崩れているサインです。調子がよくないな、と思ったら、まずは自分の食生活を見直してみることをお勧めします。

私は料理が好きなので、毎日の食事にはたっぷり時間をかけています。煮物や焼き物を作りながら、野菜をつまんでシャンパンを飲み、デザートまで作って食べると、大体二時間ぐらいかかる。仕事で忙しく飛び回っているので、料理の時間を短縮しようと試みたこともありますが、結局、それはあきらめました。出来合いのものを中心に献立《こんだて》を組み立てることに、我慢できなかったからです。

それに、忙しい人が料理をすることにはメリットもあります。料理をすることで、仕事とは全くちがった価値観のなかで生きられるようになり、リフレッシュできるのです。

料理には一種のメディテーション（瞑想）効果があります。集中して手を動かしていると、雑念《ざつねん》が払《はら》われ、「自分に返る」ことができるのです。それに、料理を作るということは、クリエイティブな表現行為でもあります。微妙《びみょう》な味のちがいを感じとり、食材の彩《いろど》りを考えながら、料理を引き立てる器《うつわ》を選んでいく。こうした作業をしていくためには、創造性や配色のセンスが求められます。

人間、クリエイティブなことをしていると、疲れが吹き飛び、活力が漲《みなぎ》ってくるものです。一〇日に一回は、普段とはちがう料理に挑戦してみましょう。

「今日一日は、自分の感性を磨くために料理をしよう」と決め、いつもとはちがうスーパーに行って食材を選び、棚にしまい込んでいた器のなかから、好きなものを選んで盛り付けてみるのです。もしくは、前から行きたかったレストランに行って、美味しい食事を楽しむのもいいでしょう。創造性を発揮し、普段とはちがった方法で、存分に「食」を楽しむ。それは、心身を健康に保つという意味で、とても大切なことなのです。

三十代半ばごろ、私は京都にある「千花《ちはな》」という割烹《かっぽう》に通いつめたことがあります。料理について何も知らないことが恥ずかしくて、一から勉強しようと思い立ったのです。ただ、普通に勉強するだけではつまらない。料理学校に通うのも面倒だから、一流のお店に通い、料理を楽しみながら勉強しようと考えました。

「料理の勉強をしたいんだけど、どこに通ったらいいかしら」

食通の友人に相談したところ、紹介されたのが「千花」でした。「一見《いちげん》さんお断《ことわ》り」の店のようだったので、友人に予約だけしてもらい、東京から新幹線に乗って出かけたのです。

「千花」はカウンター割烹の草分けで、ポール・ボキューズのような一流シェフが、世界中から勉強のために訪れるような店でした。私は故・永田基男《もとお》さんの料理にすっかり魅了《みりょう》され、二カ月に一度、東京から日帰りで通うようになりました。予約した日は、いつも昼食を抜いて、一人でお店に行くことにしていました。食べるとき、料理に集中したかったからです。お店に通ううちに、永田さんとすっかり仲よしになり、「千花」で使っている昆布と鰹節《かつおぶし》を自宅まで送ってもらうようになりました。出汁《だし》の取り方から器の選び方、おもてなしの方法や作法に至るまで、私は永田さんに料理のすべてを教えてもらったのです。

このようにして、私は一流の料理人から料理を学んでいきました。ほかにも、六本木のお寿司屋さんと親しくなって、魚のさばき方を教わったり、築地市場で魚の選び方を教えてもらったりしたこともありました。フランス料理は「食べるほうを極めよう」と思い、パリ通いが始まりました。当時最年少の三つ星シェフ、故ジョエル・ロブションが開いたパリの「ジャマン」に通いつめては、フランス料理研究に勤《いそ》しんだものです。

私は元々、非常に凝《こ》り性《しょう》で、どのみち料理を勉強するのだったなら、その道を極めた人の下で学びたかった。この自己流の勉強法は、一五年ほど続きました。

料理とは自分への最高のおもてなし

「食」の世界を突きつめていくと、関心は料理を超えて広がっていきます。たとえば、サンマを美味しく食べる方法を追求していくと、サンマの産地や海流、なぜサンマが減っているのかという地球環境の問題にまでつながっていきます。料理に夢中になると、新しい興味が次から次へと湧いてきて、脳がどんどん活性化してくるのです。

最近は料理が面倒だからと、お惣菜《そうざい》を買って済ませる人が増えているようですが、私にはとても考えられません。なぜなら、私にとって料理とは、「自分自身への最高のおもてなし」だからです。プロの料理人に作ってもらうより、自分で作ったほうが断然美味しいとさえ思っています。なぜなら、「今、自分が食べたいもの」を一番よく知っているのは、ほかの誰でもなく、自分自身だからです。

「私には、『自分らしさ』ということがわかりません」

そんな悩みを抱える人には、私はこうアドバイスしています。

「今、自分が食べたいものは何かに気づいて、それを食べてください」

たった今、自分が必要としているものに気づくこと。それこそが、「自分」を取り戻して幸せに生きるためのスタートラインです。その意味では、料理ほど、自分らしさを表現できるものはありません。

ただし、自分らしさを育てるためには、出来合いのレシピに頼ってばかりではいけません。私は、料理をするときは、レシピの類《たぐい》を一切見ません。外食したとき、「これはどんな風に作っているのかな」「材料は〇〇ね」と想像を巡《めぐ》らし、「香辛料は〇〇を使うと、もっと美味しくなるかもしれない」と、自分なりの工夫を加えていくのです。

自分の頭で作ったレシピを実際に試してみて、それが失敗に終わったとしても、あきらめるのはまだ早い。「やっぱりレシピどおりに作ったほうが美味しい」などと思わず、「美味しくできなかった理由」を虚心坦懐《きょしんたんかい》に追求していくことが大切です。

手前味噌になりますが、私の場合、「自分が食べたいと思うもの」を作ったときは、まず失敗しません。その理由は、料理と真摯《しんし》に向き合い、人から学び、試《し》行錯誤《こうさくご》を繰り返した経験やセンス以上に、「他人が作ったレシピを見ないから」ではないかと思っています。たとえば、「おからハンバーグが食べたいな」と思ったときは、「おからハンバーグの作り方」をネットで検索《けんさく》して調べるようなことはしません。

「塩辛さが欲しいから、おからのなかにヒジキを入れてみよう。卵も入れれば味に丸みが出るわね。残り物のスープがあるから、それで卵とおからとヒジキをこねて、オリーブオイルで焼いてみたらどうかしら」

そうやって考えながら作っていると、なかなか美味しいものができてしまいます。固定観念をすべて取り払い、料理を自由に楽しむと、自分自身が解き放たれたような気持ちになります。そのワクワク感がスパイスとなって、料理に魔法をかけてくれるのでしょう。たまには、一流レストランのシェフになりきって、レシピを見ずに料理を作ってみましょう。それが、自分らしさを取り戻すための第一歩となるのです。

心と体を整えて苦難を乗り切る

どうしたわけか、私は人から「苦労知らずのお嬢様」だと思われやすいところがあります。

医者の仕事を何十年も続けたら、苦労知らずのお嬢様でいられるはずがありません。「どうして、そんな印象をもたれるのかしら」と不思議でたまらなかったのですが、あるとき、ふと思い至ったのです。「苦労知らずに見える」のは、「苦労が顔に出ていない」「苦労したという意識がない」からかもしれない、と。

人間、生きていれば苦労はつきものです。野良猫を見れば、一日一日を生き延びていくのは大変なことだなあと思ったりします。生きていくことは、厳《きび》しい自然のなかを潜《くぐ》り抜けていくことでもあります。世界を見渡せば、平和に暮らしている人よりも、戦争や飢餓《きが》、自然災害で苦しんでいる人のほうが多いのではないでしょうか。ところが、現代の日本では、誰もが「楽《らく》に生きられて当然」と思っている。このため、ちょっと苦労しただけで、大変な不幸に見舞われたような気分になり、簡単に打ちのめされてしまいます。

それならいっそのこと、最初から「生きるとは大変なこと」だと腹をくってしまえばいい――そうした考え方がベースにあるので、多少の修羅場《しゅらば》を潜ったぐらいでは、苦労が身につかないのかもしれません。

よく、「私はこんなに大変な思いをした」と苦労自慢をする人がいます。でも、「自分だけが苦労している」「悪いくじを引いた」と思い込む癖《くせ》がついていると、内面も外見もどんどん老化してしまいます。いつのまにか顔に深いシワが刻まれ、自分でも気づかないうちに、すっかり老け込んでしまうのです。そうならないためには、物事の捉え方を変え、自分を悲劇の主人公に仕立て上げないことが大切です。そこで、ここでは、賢い苦難の乗り切り方について考えてみたいと思います。

人が苦境に陥ったときの反応には、いくつかのステップがあります。まず、非常事態に直面すると、一瞬、呆然《ぼうぜん》として何もできないショック期を経て「戦うか逃げるか反応（fight-or-flight response）」が起こります。つまり、恐怖に直面したことによって交感神経が刺激され、戦うか逃げるか、どちらかの行動を迫られるのです。

たとえば、「あ、地震だ！」と思ったときは、とっさに体が動いて、安全な場所に逃げようとします。また、家族に不幸があったときは、葬儀《そうぎ》や納骨《のうこつ》の手配などに忙殺《ぼうさつ》されて「悲しみに浸《ひた》る余裕もない」という状況になります。

これらはいずれも、緊急事態に直面して、「戦うか逃げるか反応」が起こったケース。この反応が起こると、戦いや逃走に備《そな》えて交感神経が緊張し、心臓から筋肉に大量の血液が送り込まれます。その結果、心拍数が増加して血圧が上昇し、全身の筋肉に力が漲ります。

こうして、最初の段階を無我夢中《むがむちゅう》で乗り切り、ホッとひと息つくと、今度は「つらい」「悲しい」という感情が湧き起こってきます。将来に不安を感じ、不眠に陥ったり、ストレスを感じて再び緊張に襲われます。このように、人間は苦難に直面したとき、いくつかのプロセスを経験するわけです。

ここで大切なことは、苦難に直面したときの反応には、これらのステップがあると自覚することです。そして、第一ステップを無事にやり過ごした後は、過剰に負担をかけた心と体を休める必要があります。

もし、休みをとらないまま緊張状態を続けていると、心と体が悲鳴《ひめい》を上げ、バタンと倒れてしまいます。第一ステップを乗り越えた後、疲れ果てた心をいかに癒し、酷使した心臓や血管、筋肉をいかに休めるか。それが、苦難を乗り切るうえで、非常に重要なことなのです。

苦境をチャンスと捉え直す

まず、心をケアする方法について考えてみましょう。

私は、大変なことがあってつらいときは、まずお茶を飲み、ひと息入れてから考えることにしています。これは、実はとても良い方法です。なぜなら、「ちょっとお茶でも飲もう」と思った時点で、自分自身と距離を置き、客観的にものを見る余裕が生まれるからです。

この客観性をもてるかどうかが、苦難を乗り越えるためのキーポイントだと私は考えています。自分を客観的に見るためのコツは、「視点を変える」ことです。「視点を変える」というと、何か難しいことのように感じる方もいるかもしれませんが、そんなことはありません。

散歩や食事に出かけたり、美味しいパンを買いに行ったりするだけでも、視点は随分変わります。いつも家で考えごとをしている人は、たまには近所の喫茶店に行くなど、場所を変えてみてはどうでしょうか。ちょっと場所を変えるだけでも、案外、簡単に視点を変えることができます。

「あの人にこんなひどい仕打ちをされた。絶対に許せない」と思いつめていた人も、場所を変えてあらためて考えてみると、「あの人の立場から見たら、私のほうにも原因があったのかもしれない」と思えてくるから不思議です。

このほか、「人に相談する」ことも、視点を変えるためのよい方法です。人に悩みを相談するのは「解決法を聞きにいく」ためだと思っている人が多いのですが、実際には相談相手から「別の視点」をもらうことで、解決のヒントを得ているのです。

私は患者さんと面談していたとき、「もし、こんなふうに悩んでいる人がいたら、あなたはその人に何と声をかけますか」と聞いたものです。他人が自分と同じような状況にあった場合、「あなたならどうアドバイスしますか」と問いかけるわけです。

するとおもしろいことに、多くの患者さんはこう答えてくれました。

「そんなことぐらい、心配しなくても大丈夫、とアドバイスします」

そこで、最後に私は患者さんにこう語りかけます。

「では、今の言葉を、そっくりそのまま自分に対して言ってみてください」

この方法は、なかなか効き目があります。「自分はなんて不幸なんだ」と思い込んでいても、他人から見れば大したことではないかもしれない。「他人」の視点から自分を俯瞰してみることで、その事実に気づくことができるからです。

このように、苦難を乗り越えるためには、「視点を変える」ことがとても重要です。そこで、状況に応じて、「視点を変える」ための引き出しを自分のなかにたくさんもち、年齢とともに引き出しを増やしていく必要があります。

友達と一緒にお茶を飲むもよし、旅に出るもよし、ウォーキングやランニングでひと汗かくもよし。どんな苦難にあっても楽にやり過ごせるように、自分で上手に引き出しを作り、「今回はこの方法でいこう」と取捨選択《しゅしゃせんたく》していけばいいのです。

最後に「視点を変える」ための、とっておきの方法をお教えしましょう。

私は、苦しいことや嫌なことがあったときには、「これはチャンスだ」と考えるようにしています。苦しいこと、大変なことにぶつかると自分の思わぬ力に気づくものです。大変なときこそ、力を最大限に発揮するチャンスです。そして、目の前にある苦境を乗り切った経験を、今後の仕事や自分のために少しでも役立てようと考えるのです。

カウンセリングにせよ、悩み相談にせよ、苦悩を経験したことのない人に、他人の悩みが理解できるはずもありません。今、経験している苦しみは、将来、絶対に自分の役に立つ。苦境をチャンスと捉え直すことによって、今までとは全くちがった視点を獲得し、新しい世界を開いていくことができるのです。

耐えがたい苦しみに押し流されそうなときは、空から自分を見下ろしてみましょう。年齢を重ねた大人にふさわしく、知恵の引き出しを増やしながら、人生の苦難を賢く乗り越えていきたいものです。

快眠のススメ

苦境と闘っているとき、人は知らず知らずのうちに、大きなストレスを受けています。長時間ストレスにさらされていると、免疫力が下がり、思わぬ大病につながってしまうことも珍しくありません。それを防ぐためには、心と体の両面から自分をケアしていくことが重要です。

しかし、「心を鎮《しず》めよう」と頑張っても、気ばかり焦ってうまくいかないのも現実。そんなときは、体をゆるめることから始めたほうが、心の緊張を自然にほぐすことができます。そこで、苦難を乗り切るための体のケアについてお話ししたいと思います。

心と体をダメージから回復させるためには、十分な睡眠が必要です。ところが、悩みごとがあると、四六時中、そのことが頭から離れず、夜も眠れなくなってしまいます。

不眠は、「心と体のバランスの崩れ」によって引き起こされます。私も普段は寝つきが良いほうですが、ジャズライブ後は全く眠れなくなります。ライブでは心地よい神経集中のため、ベッドに入っても興奮《こうふん》が続き、なかなか寝つけないのです。

デスクワークが続く人は、日中になるべく体を動かしておくことです。万歩計で歩数を測《はか》りながら、家の周りを歩くもよし。家のなかを掃除しながら、まめに体を動かすもよし。逆に、就寝前に考えごとをしたり、テレビを見たりするのは良くありません。寝る前に音楽を聴く人がいますが、音楽を選ばないと、かえって神経が興奮し、眠れなくなることもあるので要注意です。下手をすると、一晩中、頭のなかでその曲が鳴り響いていた、ということになりかねません。

寝る前のパソコン作業やスマホのメールチェックは、ブルーライトで「起きなさい」という指令を出しているようなものです。

快眠を得るためには、環境作りも大切です。シーツはこまめに替え、清潔を保ちましょう。また、周囲の音がうるさかったり、朝の光が眩《まぶ》し過ぎたりすると、眠りの質が悪くなります。窓を閉め、遮光《しゃこう》カーテンを使うなどして、遮音《しゃおん》や遮光を心がけたいものです。

このほか、足を温めるのも寝つきを良くするコツの一つ。寝る前に足浴や足の裏マッサージをして、血液循環を良くするのもお勧めです。

また、胃袋の状態を適切に保つことも大切です。お腹がいっぱいでも、お腹が空《す》き過ぎても、気になってなかなか寝つけないものです。夕食は食べ過ぎないようにし、寝る直前にたくさん食べるのを避けたほうがいいのはもちろんのこと、夜中にどうしてもお腹が空いてしまったら、ホットミルクやハーブティーを飲むのがお勧めです。牛乳などのタンパク質には眠りを誘う効果があり、カモミールやタイムなどのハーブティーは、ヨーロッパでは子どもの寝つきを良くするために使われています。

香りと眠りの関係

眠りの質を高め、心を穏やかにするためには、思考や感情を司《つかさど》る前頭葉をリラックスさせる必要があります。そのために最も効果的なのが、自律神経の中枢《ちゅうすう》である大脳辺縁系を刺激することです。

この大脳辺縁系を刺激するうえで、香りが絶大な効果をもたらすことは、前にも触れました。通常、人間の五感からくる刺激は、前頭葉のある大脳新皮質を経由して、大脳辺縁系に伝わります。しかし、嗅覚だけは、大脳新皮質を経由しなくても、神経細胞である鼻の粘膜の嗅細胞からダイレクトに大脳辺縁系に刺激を伝えることができます。

複雑な思考や感情、意志などの高度な精神活動を司るのが大脳新皮質だとすれば、食欲や性欲、逃走行動など、生存本能と結びついた活動を司るのが、大脳辺縁系です。

たとえば、野生動物は敵のにおいを嗅《か》ぎとると、大脳辺縁系による緊急警報が発動して、瞬間的に逃げ出します。「危ないぞ！　逃げろ」という大脳新皮質からの指令を待っていては、敵に襲われてしまうからです。その意味で、嗅覚とは、緊急事態を知らせる非常ベルのスイッチのようなものといってもいいでしょう。

この大脳辺縁系とは原始的な脳で、大脳新皮質よりも歴史が古く、底知れぬパワーを秘めています。どんなに会議が白熱していても、昼時に良い匂いが漂《ただよ》ってくると、お腹がグーッと鳴りますよね。あれは、香りの刺激が大脳辺縁系に達し、食欲が誘発されたため。大脳辺縁系は自律神経系の中枢ですから、この働きは抑えようがありません。それなら、この性質を逆に利用すればいいのです。「悲しい、つらい」という前頭葉の苦しみを、大脳辺縁系を刺激して和らげるわけです。

このように、香りの効果を利用した健康法の一つに、アロマテラピーがあります。アロマテラピーで用いる精油の効果は、植物の種類によってさまざまです。

たとえば、ヨーロッパではラベンダーはマザー・テレサのイメージとされ、「疲れたものを包み込む癒しの香り」です。また、元気がないときに使うと効果があるのが、「活発な若い青年の香り」といわれるローズマリー。イランイランは、インドネシアでは新婚夫婦の寝室に置かれる花で、緊張をほぐし、官能《かんのう》を呼び覚ます効果があります。

一方、不眠については、タイプごとに効果がある精油の種類も変わってきます。ヨーロッパでは、いろいろと考え過ぎて眠れなくなることを「銀行家の不眠」といいますが、これに効くのがラベンダーやカモミール。一方、更年期の喪失感からくる不眠には、ビターオレンジが効果的だといわれています。このように、香りには、心と体を整える絶大な効果があります。ぜひ一度、試してみることをお勧めします。

世の中には、ちょっと大変なことがあるたびに「苦しい、つらい」と大騒ぎする人がいます。先述しましたが、これは、「人生とは楽なもの」という思い込みからきているように思います。

人間は成長して大人になっていく過程で、さまざまな役割や責任を背負います。年齢とともに、大変な思いをする機会が増えてくるのは当たり前のことです。責任が重くなるということは、それだけ自分が成長してきた証です。にもかかわらず、楽なだけの人生を生きていこうとすると、結局、重荷を背負うこともできないような人間で終わってしまいます。ピンチに陥ったときこそ、火事場の馬鹿力を出して、自分が一回り大きく成長するチャンスです。自分がもっているエネルギーをいかに出しきるかという方向に、頭を切り替えることが大切です。

私自身は、過去にさまざまな苦しみや悲しみを体験したことが、仕事にプラスになっています。嫌な目に遭《あ》った人の気持ちがわかるので、カウンセリングをしたり、人生相談を受けたりするときなど、非常に役に立っていると実感しています。

今まさに大変な目に遭っている人は、もしかすると、「他人に苦難の乗り切り方を伝える」という使命を与えられたのかもしれません。あなたがママ友同士の争いで苦しい思いをしたのなら、同じ状況で苦しむ人を支えてあげましょう。また、家計が苦しいのなら、やりくりを工夫して、その方法をブログやＳＮＳで発信するのもいいでしょう。

「どうして自分だけがこんな目に遭うのか」と思い、人を羨《うらや》んだり妬《ねた》んだりしていると、心が淀《よど》んでしまいます。皆が自分の経験を活かして、「苦境を乗り越えるプロ」になり、お互いを支え合う。それが、苦境にあっても美しく輝いて生きるための方法ではないかと思うのです。

魅力的な歳の重ね方

最後は、「実践編」を締めくくるにふさわしいテーマ、「若々しく年齢を重ねるための方法」です。

私は、「老年」には二つのタイプがあると考えています。

一つは、年齢相応に中身も老け込んだタイプ、これは「オールド・オールド」。二つめは、暦《れき》年齢は高齢でも心が若々しいタイプ、こちらは「オールド・ヤング」です。若くても心がすでに若さを失っているのは「ヤング・オールド」といえるでしょう。

皆さんは歳をとったら、どのタイプになりたいですか。もちろん、オールド・ヤングですよね。まず、自分がオールド・ヤングかオールド・オールドかを判定してみましょう。

最初の質問です。普段の生活で、「過去を振り返る時間」と「将来のことを考える時間」とを比べると、どちらが多いですか。

「過去を振り返る時間のほうが多い」と答えた方は、オールド・オールド。そうでない方は、オールド・ヤングです。

二〇一三年に急逝《きゅうせい》した精神科医で作家のなだいなださんは、オールド・ヤングの代表格ともいえる方でした。以前から前立腺がんと闘っておられましたが、のちに膵臓《すいぞう》がんが発覚。亡くなる直前まで雑誌の連載原稿を書き、パーティーの仕切り役として、ワイン片手に来年はこれをやろうと次の計画を熱く語っていたそうです。

人間、歳をとると、なかなか新しいことに挑戦できなくなりますが、なださんは新しいことに挑戦しようとした。たとえ道半ばで倒れたとしても、新しい世界を開拓しようとしたのです。その姿勢は、とても凛々《りり》しく、清々しいものでした。

さて、第二問です。皆さんは、「人に教えている」時間と「自分が学んでいる」

あるいは「研究している」時間のどちらが多いですか。

歳を重ねると、年長者として人に教える機会が多くなります。しかし、教えるだけで新しいことを学ばないと、人は老化する一方です。知的刺激が得られず、脳を活性化するチャンスが減っていくからです。

そこへいくと、心身ともに若々しいオールド・ヤングは、「学ぶこと」と「教えること」のバランスが取れています。豊かな経験を活かして若い人をサポートしながら、自らも学びたい気持ちでいっぱいなのです。

私は六十の半ばを過ぎたころ、英語の発音レッスンをオンラインでスタートしました。もう少しジャズヴォーカルを素敵に歌いたいと思ったからです。

新しいことを始めると、さまざまなプラスの循環が生まれます。人生も後半戦に入ると、「私の人生、これで良かったのかしら」「もう少し、ちがう人生があったかもしれないな」と、後悔の念に苛《さいな》まれる瞬間があります。加齢とは喪失感との闘いである、といっても過言ではありません。

そんなときは、サッと思考を切り替えて、新しく何かを始めましょう。新しいことを学んで、一五分でいいから没頭してみる。すると、気持ちがどんどん前向きになって、心の空洞を癒すことができます。

「ヘドニア」と「ユーダイモニア」とは？

「ヘドニア」と「ユーダイモニア」、聞きなれない言葉ですね。

ギリシャ哲学にルーツをもつ幸福に関する言葉です。「ヘドニア」は快楽としての幸福、「ユーダイモニア」は、個人的充足感としての幸福とされている言葉です。「ヘドニア」は、ある活動を楽しんでいるときに感じる喜び、「ユーダイモニア」は自分の可能性を追求するときの充足感というわけです。

美味しいものを食べたり、映画を見たり、ショッピングをしたり、ゲームをしたり、さらにお金を儲けたり、称賛を得たりする活動などは「ヘドニア」で、一時的に幸福感を得られます。これを否定するわけではありませんが、こうした喜びは外から与えられるものがほとんどです。

これに対し「ユーダイモニア」は、その活動（行為）自体に喜びがあり、充足感や満足感を得られ、自分が自分らしくいられると実感できるものです。それでお金が儲かったり、人から称賛されたり、褒められたり、うらやましがられたりするというものではありません。その活動を行うなかに自分の本質があると思える。また、少しずつ自分の進歩も感じられる。そして、それが生活に根付いているかどうか――。

これこそ、本書で述べてきた「ウェルビーイング」の重要な鍵であり、歳を重ねるごとに魅力が増すような大人になるための秘訣ではないでしょうか。

二〇二〇年春ころ、ある四十代の知人男性が新型コロナに感染し、ホテル療養となりました。彼はパソコンと音楽のデータをホテルの部屋に持ち込み、これまで自分が聴いてきた音楽の編集作業をしてみたそうです。そのときの経験を振返って、彼が語った言葉が印象に残りました。

「狭い部屋のなかにいるとき、これは歳をとったときの楽しみの見つけ方の予行演習だと思いました」

彼が子どものころ、祖母は歩くことが困難になり、一日中部屋のなかで過ごすようになったそうです。そのときに狭い部屋のなかでも楽しく過ごす祖母を見ていて思ったのが、「歳をとったら活動範囲が狭くなる。でもそのなかで楽しみを見つけることが大事だ」ということでした。そこで自身がコロナに感染してホテル療養になったとき、音楽を仕事にして演奏もする彼は、自分の音楽の歴史を振り返る音源を探して資料を作るという作業をしたのです。その間、隔離されている不自由さより集中している楽しさを感じたということでした。

人から褒められることやうらやましがられること、若いといわれることだけを喜びにするような生き方は、人からの評価がないと成り立ちません。そういう意味で、自立していない人生といえるのかもしれません。

もちろん評価されたり褒められたりするのはうれしいことです。でもそれは人生のおまけのようなものであり、それを目的や目標にした生き方、「ヘドニア」だけの人生では、いつしかむなしさを感じることでしょう。人から評価されなくても、お金が儲からなくても、それをしていることや努力していること自体が喜びになる人生は豊かで、幸せが持続するのだと思います。

能動的な生活が免疫力を高める

オールド・ヤングになるための、もう一つの妙案《みょうあん》をお教えしましょう。それは、「時代に合わせるものと、時代に逆行するもののバランスを取る」ということです。

たとえば、メールやフェイスブック、インスタグラムなどのSNSを使いこなしながら、手紙や暑中見舞いなどの挨拶状も併用する。同世代との会話には電子ツールを使い、若い人には古式ゆかしくハガキを出す、というのも洒落ています。

また、近年は「断捨離《だんしゃり》」ブームで、「不要なものは整理してシンプルに生きる」のがトレンドですが、そこをあえて「捨てずに活かしてみる」。

たとえば、私は以前、昔愛用していた洋服を五着ほどリフォームしました。二五年前のワンピースの丈を三〇センチほど短くし、三〇年前のジャケットも肩パッドを外して、今風に仕立て直したのです。

クローゼットの隅《すみ》に眠らせている古着を、無理して捨てる必要はありません。昔のものを今風にかっこよく、新しいテイストで着こなすのは、歳を重ねた世代の特権です。創造性が刺激されて、老化防止にもなるので、ぜひ試してほしいと思います。

ところで、歳をとっても若々しくいるためには、生活のスピード感を適度に保つことも必要です。「ストレスが老化の原因になるから、睡眠をたっぷりとって、仕事はほどほどにしたほうがいい」という人もいますが、そんなことはありません。

老化を促進する要因の一つに、加齢による免疫力の低下があります。この免疫力を高めるうえで、大きな役割を果たしているのがＮＫ（ナチュラルキラー）細胞です。ＮＫ細胞の働きは精神の健康と深い関わりがあり、明るく前向きに好奇心をもって生きることが、免疫力アップにつながるといわれています。

免疫力を上げて老化を防止するのに効果的なのが、「能動的に動く」ということです。

気晴らしに好きな芝居やコンサートを楽しむのもいいのですが、やや受動的に過ぎるきらいもあります。もう一歩進めて、自分がお芝居やライブをする側になってみてはいかがでしょうか。絵や写真にしても、他人の作品を鑑賞《かんしょう》するより、自分自身がクリエーターになったほうがもっと楽しい。能動的な生き方をしていると、NK細胞が活性化して免疫力が上がり、身も心も若返っていきます。こうしてエネルギーの循環をよくすることが、最も効果的なアンチエイジングの方法なのです。

美しい動作でいつまでも若々しく

もちろん、若々しさを保つためには、食習慣も大切です。ビタミンA、C、Eには老化防止につながる抗酸化《こうさんか》作用があるので、緑黄色野菜を意識して摂《と》るようにしましょう。また、オリーブオイルにはオレイン酸やビタミン類、ポリフェノールなどの抗酸化物質が豊富に含まれ、ヨーグルトなどの発酵《はっこう》食品も腸内環境を改善して老化を予防してくれます。

それから、熟年世代は食べ過ぎにも注意してください。動物実験では、小食のほうが長生きすることがわかっています。

いつまでも元気な身体を保つためには、筋肉をつけることも大切です。筋肉は骨を支えているので、筋肉の量が減ると骨折しやすくなります。そうならないためにも、軽い筋トレやウォーキング、ダンベル体操などを生活習慣に取り入れましょう。

ペットボトルに一・五リットルの水を入れ、一日一〇回ほど両手で持ち上げるだけで、かなりの運動量になります。忙しくて運動の時間がとれないという人は、エレベーターやエスカレーターをなるべく使わず、階段を駆け上がるだけでも、体は確実に変わってきます。

もう一つ、ぜひ心がけていただきたいのが、動作を美しくすることです。よく、写真で見るとてもきれいなのに、実際にお会いするとそうでもない人がいます。その理由は、表情や動作が美しくないからです。

歳をとると、筋肉や関節が硬くなり、ぎくしゃくした動きになりがちです。そこで、体のしなやかさを取り戻すために、十分にストレッチをして体を柔らかくすることが大切です。そして、姿勢をピンと正し、エレガントな動作を心がけましょう。同じ年齢でも、姿勢やしぐさに気をつけるだけで、格段に若く、美しく見えます。

逆に、絶対にやめたほうがいいのが煙草《たばこ》です。煙草を吸い続けていると、シワやシミ、たるみや肌の黄ばみなどが目立つ「スモーカーズフェイス」になってしまいます。煙草は細胞レベルで老化を早める働きがあるため、喫煙《きつえん》者は非喫煙者よりも五年以上老化が早いと言われているのです。

最後に、オールド・ヤングになるための人間関係について触れましょう。心身ともに若々しさを保つためには、ベタベタした馴れ合いの関係は必要ありません。むしろ、日常から一歩離れた「勉強のネットワーク」をつくるのがお勧めです。

短歌や絵、写真、歴史など、学ぶテーマは何でも結構です。そうやって同好の士を募り、学びの成果を発表し合えるような研究会を企画するのもいいでしょう。互いに刺激し合い、尊敬し合いながら、切磋琢磨《せっさたくま》できるような人間関係をつくること。それが、魅力的に歳を重ねる何よりの秘訣だと思います。

おわりに

「あなたは幸せ？」と聞かれてすぐにイエスと答えられる人はそう多くはないのではないでしょうか？　でも「あなたは不幸？」と聞かれたら不幸ではないよなあ、などと思われる方も多いと思います。

じゃあ、「不幸でなければ幸せなの？」と聞かれたらそれはまたどうかなあ、と考えてしまうものです。

本書で、幸せについて考えるヒントなどをお話ししてきました。少しでも参考になったらうれしいです。この本は「はじめに」に書いたように二〇一四年に単行本で出版されました。十年前に出版した本を再び皆さまにお届けしようとしてくださった潮出版社の編集者、与古田亜由美さんと堀田知己さんに感謝いたします。与古田さんは担当していた推理小説作家の故鏑木蓮《かぶらぎれん》さんの小説の解説を私が書かせていただいたことから、堀田さんは十年以上前に月刊誌「潮」の対談ページを担当してくださったときに私のジャズライブにお付き合いくださったことで交流が始まった長いお付き合いの編集者です。
仕事はいい仲間が大事。幸せな気持ちで感謝を込めて本書を皆さまに届けたいと思います。

二〇二四年 春

海原純子

海原純子（うみはら・じゅんこ）
医学博士。心療内科医。東京慈恵会医科大学卒業。同大学講師を経て、日本初の女性クリニックを開設。ハーバード大学客員研究員、日本医科大学特任教授を歴任し、昭和女子大学客員教授。これまでに厚生労働省「健康大使」、復興庁「心の健康サポート事業」の統括責任者として活動。被災地の調査論文で日本ストレス学会賞受賞。日本ポジティブサイコロジー医学会理事。その活躍は医学の分野に留まらず、ジャズシンガーとしても活動中。読売新聞「人生案内」回答者。毎日新聞「新・心のサプリ」、時事通信、ヤフーニュースに執筆。著書に『大人の生き方　大人の死に方』『こころの深呼吸』など。

幸福力——幸せを生み出す方法

潮文庫　う－3

2024年　5月20日　初版発行

著　　者　海原純子
発 行 者　南　晋三
発 行 所　株式会社潮出版社
〒102-8110
東京都千代田区一番町6　一番町SQUARE
電　　話　03-3230-0781（編集）
03-3230-0741（営業）
振替口座　00150-5-61090
印刷・製本　中央精版印刷株式会社
デザイン　多田和博

ISBN978-4-267-02423-8 C0195
